손을 잡으니 길이 되었다

「노숙인 희망 & 행복수기」 공모 수상집

절망을 넘어 삶으로 증언하는 사람들

구세군한국군국 사회복지부 엮음

Edia

※ 이 책은 구세군한국군국 사회복지부에서 주관한 '노숙인 희망 & 행복수기' 공모전에서 수상한 21편의 글을 모아 구성하였습니다.

용기 있는 고백,
세상을 울리는 희망

노숙인 행복수기집 발간을 진심으로 축하드립니다.

이 책은 단순한 글 모음이 아니라, 한 분 한 분의 삶이 겪어 온 상처와 좌절과 희망, 그리고 다시 일어서기 위한 용기가 고스란히 녹아 있는 귀한 기록입니다. 이 세상에 태어난 모든 사람들은 그 경중의 차이는 있겠지만 저마다의 삶의 무게와 함께 살아갑니다. 조금은 힘이 들어도 지탱할 수 있는 삶의 무게가 있는가 하면 아무리 버티려고 안간힘을 써도 감당하기 버거운 삶의 짐도 있습니다. 여러분이 지나오고 겪어 온 하루하루는 말로 다 담기 어려운 고통과 외로움의 연속이었을 것입니다. 그럼에도 불구하고 여러분의 이야기를 세상 앞에 용기 있게 내어놓은 모든 응모자 여러분께 진심으로 존경과 감사의 마음을 전합니다.

여러분의 글은 우리 사회가 결코 외면해서는 안 될 소중한 목소리이며, 더 나은 내일을 위해 함께 고민해야 할 깊은 질문입니다. 수기집 발간을 위해 애써 주신 모든 분들과, 노숙인분들의 삶을 돌보며 자립을 돕기 위해 묵묵히 헌신해 오신 모든 분들께 깊은 감사의 말씀을 드립니다. 여러분의 노력 하나하나가 누군가에게는 삶을 다시 시작할 수 있는 희망의 불씨가 되고 있습니다.

이 수기집이 많은 이들에게 공감과 감동, 그리고 연대의 마음을 나누고 서로 돕고 격려하는 일에 동참하도록 이끄는 마중물이 되기를 바랍니다. 더 나아가 우리의 시선과 사회의 제도가 더 성숙하고 더 발전하는 계기가 되기를 진심으로 소망합니다.

여기에 담긴 한 편 한 편의 이야기가 우리 모두에게 "누구나 다시 시작할 수 있다"는 희망과 믿음과 용기를 심어주길 바랍니다. 그리고 그 믿음이 실제 변화와 지원으로 이어져, 소외가 아닌 포용이, 단절이 아닌 연결이 우리 사회의 기본이 될 수 있기를 희망합니다. 다시 한번, 용기 있게 자신의 삶을 공유해 주신 모든 분들께 감사와 응원을 전합니다.

하나님의 변함없는 사랑과 은혜가 여러분 모두와 늘 함께 하시기를 기도합니다. 감사합니다.

김병윤 사관(구세군 한국군국 사령관)

축하의 글

어둠을 지나 빛으로 나아가는 발걸음

『손을 잡으니 길이 되었다』의 출간을 진심으로 축하드립니다. 이 책은 오랜 시간 세상의 가장 낮고 차가운 자리에서 삶과 싸워 온 이들이, 다시 일어나 걸음을 내디딘 기적의 기록입니다.

"볼지어다 내가 세상 끝날까지 너희와 항상 함께 있으리라 하시니라."(마태복음 28장 20절)

이 말씀처럼 주님은 한순간도 우리 곁을 떠난 적이 없으셨으나, 때로는 "사람 같은 사람"을 만나지 못해 세상의 끝이라 여겨지는 지점까지 내몰렸던 시간들이 있었습니다. 누구의 손도 잡지 못한 채 깊은 어둠 속을 헤매던 그 발걸음들은 지금이 고백 속에서 새로운 의미로 우리 곁에 다가왔습니다.

그 아픈 추억을 딛고 다시 일어서는 길 위에서, 사실은 내내 곁에서 함께 걸어주신 주 예수님을 이제는 또렷이 바라보게 되었다는 고백은 우리 모두에게 큰 울림을 줍니다. 하나님을 보지 못해 고개 숙이고 방황하던 날들이 헛되지 않았음을 깨달습니다. 그 모든 순간이 결국 주님의 은혜로 다시 연결되었음을 알고 희망을 갖습니다.

이제는 주님과 손을 맞잡고, 다시는 혼자가 아닌 길을 걷게 되었다고 고백하는 이 행복한 기록들은 이 책이 세상에 전하는 가장 큰 선물입니다.

이 글들이 더 많은 이들로 하여금 희망을 다시 붙들게 하고, 누군가의 어두운 가슴 속에 작은 불빛이 되기를 기도합니다.

주님께서 약속하신 그 사랑이 여러분의 삶 속에서 계속하여 길이 되고 힘이 되기를 축원합니다.

김성이(한국사회복지협의회 회장)

축하의 글

다시 일어서는 용기, 사회를 밝히는 희망의 이정표

『손을 잡으니 길이 되었다』 발간을 진심으로 축하드립니다.

『노숙인 희망&행복수기집』은 절망의 끝에서 삶을 포기하지 않고, 다시 일어서기 위해 내일을 향해 한 걸음씩 나아간 분들의 용기 있는 기록입니다. 동시에 우리 사회가 반드시 귀 기울여야 할 희망의 목소리이기도 합니다.

이 수기집에 담긴 이야기들은 단순한 개인의 경험을 넘어, 인간의 존엄이 어떻게 회복되고 삶이 다시 세워질 수 있는지를 보여주는 소중한 사회적 자산입니다. 예기치 못한 상실과 붕괴 속에서도 삶을 붙들었던 치열한 시간, 누군가의 손길을 통해 다시 일어설 수 있었던 만남의 순간은 깊은 울림을 전합니다.

무엇보다 도움을 발판 삼아 땀 흘려 일하며 스스로의 삶을 일구어 가는 자립의 과정은 그 자체로 존중받아 마땅한 성과입니다. 고통의 시간을 넘어, 이제는 공동체를 향한 감사와 봉사로 누군가를 일으키는 힘이 되어주시는 모습에 깊은 경의를 표합니다.

이 모든 변화의 든든한 토대가 되어주신 구세군 노숙인 복지시설과 현장 종사자 여러분의 헌신에도 깊이 감사드립니다. 서울특별시의회 보건복지위원회 역시 위기 상황에 놓인 시민 누구도 홀로 남겨지지 않도록 제도와 정책의 책임을 다하겠습니다.

용기 있게 자신의 이야기를 세상에 내어주신 모든 분께 존경을 표하며, 이 수기집이 많은 이들에게 희망의 등불이 되기를 기원합니다. 여러분의 새로운 삶의 여정을 서울특별시의회 보건복지위원회가 늘 함께 응원하겠습니다.

감사합니다.

김영옥(서울특별시의회 보건복지위원회 위원장)

책을 발간하며

절망의 끝자락에서 삶으로 써 내려간 증언

"한 사람의 생명은 온 세상의 것보다 귀하다"는 말씀처럼, 이 책은 한 사람, 한 사람의 삶이 얼마나 소중한지 보여 주는 '기적의 기록'입니다. 거리와 쪽방, 쉼터와 요양시설에서 눈물로 밤을 지새우던 분들이, 하나님의 은혜와 이웃의 손길을 통해 다시 일어나고자 몸부림친 이야기들이 이 작은 책자 안에 담겼습니다.

이번 「노숙인 희망&행복수기」 공모를 통해 우리는 통계와 보고서로는 결코 담아낼 수 없는 깊은 진심과 용기를 만났습니다. 아픈 몸으로 병원 문턱을 오르내리던 기억, IMF와 경기 침체 속에서 일터와 가정을 잃어버린 상실감, 가족과 단절된 채 차가운 거리에서 맞이하던 새벽의 공기, 그리고 그 속에서도 "한 번만 더 살려 달라"고 하나님께 매달리던 절규가 담담한 글 속에 녹아 있습니다.

그러나 이 수기들은 단지 고난의 기록에 머물지 않습니다. 구세군 ARC 연수원, 쉼터와 요양시설, 쪽방 상담소, 브릿지 센터와 같은 현장에서, 우리 직원들과 자원봉사자들은 오늘도 묵묵히 한 사람의 이름을 부르고, 손을 잡고, 밥을 짓고, 서류를 챙기고, 병원에 동행하고, 때로는 끝까지 포기하지 않으며 함께 걸어가고 있습니다. 그 작은 관심과 정성이 모여 절망의 끝자락에서 새로운 희망을 피워 올렸습니다.

이 책에 실린 이야기의 주인공들은 스스로를 "도움만 받는 사람"으로 여기던 자리에서 한 걸음 더 나아가, 이제는 "누군가에게 힘이 되고 싶다", "내가 받은 사랑을 나누고 싶다"고 고백합니다. 다시 일어서는 데서 그치지 않고, 이웃을 향한 나눔과 봉사의 길을 선택한 이분들이야말로, 우리 시대의 참된

증인이요 선교사라 믿습니다.

구세군한국군국은 그동안 한국 사회의 가장 낮고 소외된 자리에서 노숙인, 쪽방 주민, 홈리스 당사자들을 위해 다양한 복지사업을 펼쳐 왔습니다. 그러나 이 책은 우리가 무엇을 했는가를 자랑하려는 기록이 아니라, 그 현장에서 하나님께서 어떤 일을 하셨는지, 한 사람의 삶 안에서 어떤 변화를 이루어 내셨는지 겸손히 증언하는 고백입니다. "삶으로 증언하라"는 우리 군국의 표어처럼, 이 수기집은 말이 아닌 삶으로 드려진 간증입니다.

이 책을 읽는 모든 분들이, 거리와 시설에서 살아가고 있는 이웃들을 새로운 눈으로 바라보게 되기를 소망합니다. "문제"를 가진 대상이 아니라, 우리와 똑같이 웃고 울며 사랑하고 실수하는 한 사람의 형제자매로 바라보게 되기를 바랍니다. 또한, 여전히 주저앉아 있는 또 다른 분들에게도 "나도 다시 시작할 수 있다"는 용기를 전해 주기를 기도합니다.

수기를 정성껏 써 주신 모든 참여자 여러분께 깊이 감사드립니다. 자신의 상처와 부끄러움까지 솔직히 내어놓는 일은 결코 쉬운 일이 아니지만, 그 용기가 누군가에게는 어둠 속 한 줄기 빛이 될 것입니다. 밤낮없이 현장에서 수고하는 구세군 복지현장의 시설장과 직원, 봉사자, 후원자, 협력자 여러분께도 진심으로 감사의 인사를 전합니다. 또한 이 사업을 위해 기도와 물질로 동역해 주신 모든 후원자와 교회, 기관에도 하나님의 풍성한 은총이 함께하시기를 빕니다.

마지막으로, 이 책이 우리 모두에게 주님의 마음을 더 깊이 배우고, 가장 낮은 곳에서 가장 소중한 생명을 섬기는 사랑의 실천으로 이어지는 작은 도구가 되기를 기도합니다. 주님께서 이 땅의 모든 노숙인, 쪽방 주민, 길 잃은 이웃들에게 평안과 소망을 더하여 주시기를 간구하며, 이 행복수기집을 주님의 이름으로 드립니다.

2025년 겨울

강석진 사관(구세군 한국군국 사회복지부장)

CONTENTS

03 땀방울 속에 맺힌 희망 자립과 도전

04 낮은 곳에 임한 빛 감사와 승화

01

긴 겨울밤을 지나

붕괴와 고통의 기록

긴 겨울밤을 지나

숨 한 번 쉬는 것조차 버거웠던 날들, 눈을 뜨면 마주해야 할 내일이 두려워 차라리 영원한 어둠 속으로 숨고 싶었던 칠흑 같은 밤들이었다.
1부는 그 혹독했던 마음의 겨울, 가장 아프고 시린 시간에 대한 기록이다.
감추고 싶은 상처를 꺼내어 세상 앞에 내어놓는 이유는 분명하다.
이 처절한 붕괴의 고백이 역설적이게도 다시 살아가야 할 이유를 찾는 첫걸음이 되기 때문이다.

인생의 겨울은 늘 예고 없이 들이닥쳤다.
사업이 무너지고 가족이 흩어지며, 감당할 수 없는 빚과 병마가 한꺼번에 밀려왔을 때, 우리가 발 디딜 곳은 세상 어디에도 없었다.
그저 살아남기 위해 도망치듯 내몰린 곳, 차가운 거리의 끝에서 우리는 스스로를 세상에서 지워버리고 싶었다.

숨 한 번 쉬기도 버거웠던 오늘, 그래도 버텨냈기에

박영신 서울특별시립브릿지종합지원센터

파산조차 불가능한 신용불량, 가장 믿었던 사람에게 맞아 왼쪽 눈을 잃은 영구 실명. 사랑하던 일을 다시는 못 할지도 모를 만큼 망가진 몸, 불면과 우울, 거식, 그리고 깊은 절망. 빛 하나 들어오지 않는 낭떠러지 속에서 나는 스스로를 포기하는 것 외에는 선택지가 없었다.

그렇게 완전히 어둠에 잠겨 있을 때, '브릿지종합지원센터'를 만났다. 삶의 아이러니란 어쩌면 바로 이런 순간을 두고 하는 말일 것이다. 환경은 변하지 않았지만, 그 안에서 나의 마음이 달라졌다. 여전히 현실은 버겁고 넘어지는 날도 많지만 이제는 손잡아 주는 이들이 있다. 그 손을 붙잡고 다시 일어서는 법을 배우며 나는 대가 없는 사랑과 지지를 받았고, 그 사랑을 세상에 되돌려주고 싶은 꿈을 꾸게 되었다.

나는 1991년생, 올해 서른다섯 살이다. 2024년 11월 1일, 모든 것을 뒤로할 각오로 집을 나섰다. 갈아입을 옷가지도, 여비도 없이 신용카드 한 장만 들고 부산에서 서울로 향했다. 두 달간 찜질방을 전전하며 범죄피해자 원스톱 솔루션센터를 찾았지만, 고소조차 하지 못했던 나는 끝내 도움을 받지 못하고 돌아와야 했다. 그즈음 카드와 통장이 정지된다는 문자를 받았고, 절망 속에 주민센터를 찾아갔지만 가해자와 함께 살던 집이 내 명의 전세 대출로 되어 있다는 이유로 주소지 변경조차 할 수 없었다.

"가정폭력도, 성폭행도, 데이트폭력도 아니니 해당이 안 된다."

너무도 차갑게 돌아오는 말에 좌절해야만 했다. 절박함을 안고 다시 찾아간 범죄피해자 통합솔루션센터에서 "당장 잘 곳이라도 안내해 달라"는 내 간절한 부탁에, 서울 서부권 내의 여성 노숙인 시설 '브릿지종합지원센터(여성상담소)'를 연결해 주었다.

솔직히 처음에 '노숙인 시설'이라는 말이 두려웠다. 무시당하고 텃세를 겪으며 통제받을 것만 같았다. 하지만 막상 도착해 보니 그곳은 내 걱정과는 완전히 달랐다. 센터에서 일하시는 선생님들은 따뜻했고, 잠시나마 개인 공간에서 편히 쉴 수 있는 응급 구호방이 나에게 제공되었다. 라면과 김밥으로 버티던 나에게 센터에서 제공한 따뜻한 밥 두 끼는 눈물이 날 만큼 감사한 선물이었다.

다시 숨 쉬게 만든 사람의 온기

2025년 2월, 센터의 도움으로 고시원으로 옮기며 3개월 치 방세와 생필품 지원까지 받았다. 긴급생계지원이나 기초수급조차 거절당하던 내가 담당 선생님들의 도움으로 복지 절차를 다시 밟을 수 있었고, 결국 7월에는 기초수급자로 선정되어 더 이상 굶지 않게 되었다.

그뿐만 아니라 여러 의료 지원을 통해 가해자에게 폭행당해 실명한 왼쪽 눈을 수술받을 수 있었고, 비록 시신경이 완전히 죽어 시력은 잃었지만 입원비와 수술비 전액을 지원받았다. 왼쪽 무릎의 인대 파열도 치료받았으며, 이 모든 과정은 고소의 중요한 증거로도 이어졌다. 나 혼자였다면 꿈도 꾸지 못했을 치료였다. 그래서 나는 지금도 나처럼 거리에서 아픔을 삼키는 분들이 용기 내어 치료받고 건강을 되찾기를 간절히 바란다.

하지만 치료와 고소를 병행하던 시기, 감사한 마음과는 별개로 나는 점점 지쳐갔다. 가해자의 폭언이 머릿속에서 떠나지 않았고, "이 모든 게 내 탓"이라는 자책이 영혼을 잠식했다. 지치고 힘든 그때 선생님들은 말했다.

"가해자의 폭력은 그 어떤 이유로도 정당화될 수 없어요."

그 말 한마디가 나를 현실로 이끌었다. 선생님들은 나를 지켜보며 응원했고, 때로는 나 대신 병원 예약을 해주고, 의욕이 없어 자꾸만 놓치던 약 복용을 챙겨주었다. 그러던 어느 날, 갑작스레 모든 것이 무너진 듯한 절망 속에서 삶을 놓고 싶은 생각이 들었다. 누구도 만나지 않았고 아무것도 먹지 않은 채, 그저 눈을 감고 시간이 어떻게 가는지도 모르게 잠만 자며 삶의 의지를 잃어갔다.

얼마 후, 며칠째 열리지 않던 내 고시원 문을 브릿지의 고성은 선생님과 이현숙 선생님이 두드리셨다.

"문 안 열면 119 부르려 했어요."

걱정 어린 얼굴 앞에서 결국 문을 열었고, 우리는 근처 카페에서 오랜 시간 이야기를 나눴다. 그날 두 분은 말했다.

"지금은 고소보다 사는 게 먼저예요. 햇빛을 보고, 밥을 먹고, 숨을 쉬는 게 먼저예요."

그 따뜻한 말이 또다시 내 무너진 마음을 일으켜 세웠다. 그날 이후 나는 약을 다시 먹기 시작했고, 을지로 여성상담소에 나가 매일 사무소 옆 청계천을 걷기 시작했다. 대가 없는 진심으로 여전히 나를 응원하는 이들에 대한 감사, 그것이 나를 다시 일으키는 인생의 전환점이 되었다.

그 후로 나는 매일 걸었다. 작은 고시원 방 안에서 삶을 포기했던 내가, 이제는 하루 2만 보를 걷는다. 청계천의 바람을 맞으며 하늘을 보고, 밥을 먹고, 숨을 쉰다. 그 평범한 일상이 얼마나 큰 선물인지 이제야 안다. 왼쪽 눈은 멀었지만, 그 눈이 있었기에 장애인 복지카드를 발급받을 수 있었고 그 카드로 지하철을 타고 매일 상담소를 찾아갈 수 있다. 실명이 오히려 나를 다시 세상으로 이끈 증거가 되었다. 이전의 나는 행복 속에서도 늘 불안했다. 그러나 이제는 어둠 속에서도 평안을 찾는다. 그게 브릿지가 내게 가르쳐준 '진짜 회복'이었다.

상처를 딛고 피어난 희망의 별

돌아보면 10년이라는 긴 시간 동안 나는 내 삶의 주권을 타인에게 내어주고 있었다. 가해자는 직장 상사이자 동거인이었고, 은인인 척하며 나를 지배했다. 폭언, 협박, 폭행, 경제적 착취가 일상이었다. 2014년 직장에서 만난 그 사람은 나에게 "너는 나 없으면 못 산다"고 세뇌했다.

결국 2024년 11월 1일, 나는 그 지옥에서 도망쳤다. 신용점수 900점이던 나는 한순간에 1억 원이 넘는 빚을 진 신용불량자가 되었고, 왼쪽 눈은 실명, 무릎은 파열, 마음은 산산이 부서졌다. 그때 나는 몰랐다. 폭력보다 더 끔찍한 건 '가스라이팅'이라는 사실을. 나는 맞아도 싸다고 생각했고, 오히려 가해자에게 미안해했다. 그러나 이제 안다. 그때의 나는 살아남기 위해 최선을 다한 사람이었다는 것을.

절망의 끝에서 나는 다시 꿈을 꾸기 시작했다. 2026년 1월, 나는 서울안마수련원에 입학할 예정이다. 2년 후 졸업하면 정식 안마사로 일할 수 있다. 이 일은 단순한 생계가 아니라 내 '비전'이고 '희망'이다. 나는 10년간 스포츠마사지사로 일하며 고객의 통증이 줄고 미소를 짓는 순간, 비로소 내 존재의 의미를 느꼈다. 가해자의 폭행으로 몸이 망가져 더는 일을 못 하게 되었을 때 세상이 무너지는 듯했지만, 아이러니하게도 '실명'이 나에게 합법적인 재도전의 자격을 주었다. 졸업 후에는 한 달에 두 번이라도 노숙인 분들께 무료 안마 봉사를 하고 싶다.

"손을 잡아주는 단 한 사람만 있어도 사람은 나락에서 올라올 수 있다."

그 말을 믿기에, 나도 누군가의 손이 되어주고 싶다. 요즘 나는 끊어졌던 인연들과 다시 연락하기 시작했다. 초등학교, 중학교 친구들에게 용기 내어 연락했을 때, 그들은 아무 일 없었다는 듯 나를 따뜻하게 맞아주었다. 그 따뜻한 손길 하나하나가 내 회복의 증거이고, 희망의 씨앗이다.

을지로 여성상담소 들어가는 입구에 길게 놓인 거울에는

이렇게 쓰여 있다. "우리는 같이 있고, 가치 있다." 이 문구처럼, 나는 이제 혼자가 아님을 안다. 오늘 하루도 버텨낸 나와, 나 같은 누군가에게 이 말을 꼭 전하고 싶다.

"잘하셨어요. 참 수고 많으셨어요. 버텨낸 것 그것 하나만으로 충분합니다."

희망 수기 공모전에 글을 쓰며 나는 이 공모전에 참여할 자격이 있을까 하는 마음으로 잠시 망설였다. 하지만 아직 눈에 보이는 성과는 없더라도, 오늘 하루를 버텨내는 것이 나의 성과임을 이제는 안다.

시골 밤하늘의 별이 가장 밝게 빛나는 때는 어둠이 가장 깊을 때다. 지금 나는 인생의 가장 어두운 터널 속에 있지만, 그 속에서 내 안의 별빛이 선명히 보이기 시작했다. 세상의 불이 꺼질수록, 내 안의 빛은 더 밝아진다. 이제 나는 눈을 들어 세상을 보기보다 눈을 감고 내 안의 별을 본다. 그 별이 나를, 그리고 또 다른 누군가를 희망으로 인도하리라 믿으며 오늘도 숨 한 번, 그리고 또 한 번, 버텨낸다.

※ 이 글은 노숙인 희망&행복수기 공모전에서 대상을 수상했다.

나의 천로역정 : 술과 믿음 사이에서

김완규 구세군ARC연수원

언제라도 조리 가능한 인덕션, 드럼세탁기, 냉장고, 나무 무늬의 옷장, 전자레인지, 큰 화면의 LED TV, 벽걸이형 에어컨, 주택가로 열린 커다란 유리창, 책상, 책장, 서랍장, 단단한 매트리스의 침대…. 이 모든 것이 제게는 너무 과분한 구세군의 선물입니다.

ARC 연수원의 입소를 위해 저는 아무런 노력도 한 적이 없습니다. 제 스스로 인생을 술과 무책임으로 망쳐버린 사실 밖에는 해놓은 것이 없는 저에게 주어진 '은혜'일 뿐입니다.

저는 보건전문대 물리치료과를 전공하고, 졸업 후에는 연극 연출, 이벤트 행사 연출, 일반 기업체 연수 교육 등 다양한 일을 하며 살아왔습니다. 30대 초반부터는 'CS 드라마'라는 프로그램으로 기업체 임직원 교육 강의를 했지요. 신앙심이 깊으신 어머니의 영향을 받아 어린 시절부터 교회에 다녔고, 모태신앙인이었습니다. 서울에 올라와 장로교 유·초등부, 중·고등부, 청년부까지 오랜 기간 교회 생활을 이어왔습니다.

하지만, 어느새 술이 제 평생의 발목을 잡게 될 줄은 꿈에도 몰랐습니다. 게다가 저의 직업 자체가 정시에 출퇴근하고 정해진 급여를 받는 일이 아닌지라 술 마시는 일에 아무 지장이 없었습니다. 행사든 강의든 그 일이 끝나면 바로 수입이 생기고, 시간적 여유가 있으니 만취할 정도로 마시고 다음 날 저녁에 또 마셔도 하는 일에는 아무 문제가 없었습니다.

결혼은 뒷전이었고, 인생의 '때'를 맞춘다는 생각조차 없었습니다. 공연을 준비하고 창작을 하겠다는 허황된 꿈만 좇으며 살았습니다. 집안의 막내이니 부모님을 책임질 일도 없었고 교회에서든, 공연 행사장에서든, 강의 교육장에서든 실상을 모르는 분들한테는 멀쩡하고 번듯해 보였을 테지요.

술

교회를 다니고 믿는다고 하니 몇 군데 국내 선교단체와 해외에서 선교 공연을 한다고 외국으로도 몇 달씩 체류하다 돌아와도 일은 있었고, 술과 방종하는 생활은 계속되었습니다.

무너진 일상과 잃어버린 시간들

그렇게 일도 무탈하게 지속되는 줄 알았습니다. 강의가 생동감 있고 재미있다고 인정받으면서 대기업 강의도 출강하게 되었는데, 그러던 어느 날 IMF의 전조등이 깜박이고 있었습니다. 제가 맡은 반도체 생산직 파트 교육이 무기한 연기되며 삶의 균형이 완전히 무너졌습니다. 술은 점점 제 일상이 되었고, 하루하루가 비틀거리듯 흘러갔습니다.

서울시에서 운영하는 "자유의 집"이라는 시설이 생겼다는 신문 기사를 보고서 잠시 피하겠다며 찾아갔습니다. IMF 여파 속에 파산과 실직이 한꺼번에 몰려와 천여 명이 넘는, 과거 '부랑인'이라 불리던 이들과 한 방에서 생활하게 되었습니다. 그리고 '종교방'이라는 곳이 있어서 성공회 신부님의 인도로 예배 모임에 참석했습니다. 그 와중에 연극 공연을 한다고 사람들을 모아서 연습도 하고, 이 내용이 보도되어 추석 저녁 뉴스 시간에 방송이 나갔습니다. 멀리서 소식을 들은 지인들이 찾아와 격려를 해주기도 했습니다.

그렇게 몇 달을 보내고 마천동의 복지관 쉼터로 옮겨가 자활사업에 참여하다가, 몇 달 후에 방을 얻어 나오고 이벤트 사무실에 연결이 되어서 행사 연출을 간간이 하게 되었습니다. 하지만 술에 취해 생활하다 보니 일은 끊어지고 결국은 고시원과 쉼터를 오가는 악순환이 계속되었습니다. 쉼터에서 쫓겨나면 고시원으로 옮기고 하는, 몇 줄로 요약할 수 있는 세월이었지요.

어느 쉼터에서는 청송교도소 무기수 출신에게 함께 술 먹으며 교회 나가야 한다고 강변하다가 맞아서 지금은 틀니를 하고 있는 형편입니다. 정신이 있을 때는 교회에 출석했습니다. 후회하고 회개하고 하나님께 살려달라고 기도하였지요. 십수 년의 시간이 그렇게 흘렀습니다. 시간은 흐르는데 제 삶은 마치 정지된 듯, 죽은 사람처럼 살아가고 있었습니다.

천로역정, 다시 찾은 소망

그러다 구세군 브릿지센터를 방문하여 상담을 통해 구세군 ARC 연수원을 소개받았습니다. 상담을 하고서 ARC 연수원에 입소한 후 느낀 안정감과 편안한 느낌은 지금도 간직하고 있습니다. 여러 차례 흔들리고 넘어지기도 하였지만, 그때마다 직원분들이 상담해 주시고 때로는 인내하시며 질책도 하시고, 지원하며 기다려 주셨습니다.

그러던 중에 무거운 물건을 옮기다가 척추 디스크가 파열되었고, 무릎 연골도 파열되었습니다. 그때도 많이 도와주셨지요. 그 뒤로 일은 할 수 없게 되었고 기초생활수급 신청을 해서 현재까지는 생계지원금으로 생활하고 있습니다. 염치없지만 감사한 일이지요.

아는 성도님의 도움으로 신학교 공부도 하며 작은 개척교회에 출석하고 있습니다. 아픈 것도 조금씩 좋아지고 있는 상태입니다. 주민센터에서 진행하는 기타 교실에도 다니고 있습니다. 이제는 실력도 제법 늘어서 기타 연주하며 열 명 남짓한 성도들 앞에서 찬양 인도도 할 수 있게 되었습니다. 구세군

ARC 연수원이라는 안정된 처소가 주님의 날개 같은 그늘막이 되어 주기에 가능한 일이라고 생각합니다.

매일 아침이면 혼자 방에서 예배를 드린 후 숙소 주변을 청소하고 있습니다. 짧은 시간이지만 평생을 술 문제로 자신을 무너뜨린 제가 이제나마 이웃에게 줄 수 있는 작은 행복이라고 생각합니다. 유명한 이들을 위한 레드카펫은 아니지만, 우리 ARC 동료와 이웃들이 출근할 때나 외출에서 돌아올 때 정돈되고 깔끔한 마음을 느꼈으면 하는 바람입니다.

감히 드리고 싶은 얘기는 제가… 이 나이 들고 병든 제가… 매일 아침마다 홀로 예배를 드리고 소리를 죽이며 목청껏 기도해야만 비로소 행복을 느끼는 사람이 되었다. 세상 사람들은 인생을 생로병사라고 말하지만, 여전히 믿음이 부족한 저에게 인생은 '천로역정'입니다. 하늘나라를 향해서 가는 길입니다. 여러 가지 조건으로 행복을 말하지만, 저의 행복은 하나님께서만 공급하시는 것이라 믿습니다. 저의 희망, 저의 소망은 올바른 그리스도인으로 살다가 하늘나라에 가는 것입니다.

저는 올해 65세, 구세군 ARC 연수원에 거주하고 있습니다.

이곳에는 27명의 동료, 이웃들이 함께 생활하고 있습니다. 끝까지 인내하시며 저를 보듬어주신 원장님과 직원분들께 진심으로 가슴 깊이 감사드립니다. 저는 앞으로도 이 공동체 안에서 서로를 격려하고 의지하며, 감사한 마음으로 하루하루를 살아가고 싶습니다.

※ 이 글은 노숙인 희망&행복수기 공모전에서 장려상을 수상했다.

다시 피어오른 삶, 잃었던 나를 만나다

박진만 서울특별시립브릿지종합지원센터

빛나던 청춘, 도박이라는 늪

푸른 고등어처럼 바다를 힘차게 헤엄치던 시절이 있었다. 햇살이 닿는 곳마다 반짝이던 젊음의 한가운데, 나는 누구보다 자신감에 차 있었고 세상은 내 편인 줄 알았다. 스무 살의 봄, 내 인생은 그야말로 물결처럼 빛나고 있었다.

고등학생 때부터 나는 '손끝으로 사람을 변화시키는 일'에 매료되었다. 친구들의 머리를 다듬어주며 "예쁘다"라는 말을 들을 때마다 세상을 다 얻은 것처럼 행복했다. 그래서 자연스럽게 미용사의 길을 선택했다. 순천전문대 미용과에 진학했고, 졸업 후에는 미용실 현장에서 바로 일하기 시작했다.

처음엔 하루 종일 서서 쉬지도 못하고 계속 일해야 하는 노동이 힘들었지만, 고객이 만족하며 웃을 때면 피로가 눈 녹듯이 사라졌다. 기술이 늘수록 손님이 많아졌고, 수입도 따라왔다. 통장에 돈이 쌓이는 걸 보며 '나는 무엇이든 해낼 수 있다'는 확신이 생겼다. 내 손으로 인생을 바꾸고 있다는 자부심이 가득했다.

그러나 인생은 그렇게 단순하지 않았다. 늘 웃으며 사람을 대해야 하는 직업이었지만, 그 웃음 뒤에는 긴장과 스트레스가 쌓였다. 고객의 기분에 따라 하루의 공기가 달라졌고, 사소한 말 한마디에도 마음이 무너졌다. 성격이 예민한 탓에 작은 일에도 상처받았고, 밤마다 자책과 불안이 뒤섞였다. 그렇게 마음에 조그만 균열이 생기기 시작했다.

그러던 어느 날, 친구의 말 한마디가 계기가 되었다. "요즘 이런 사이트로 돈 좀 벌고 있어." 호기심에 휴대폰을 열었고, 그게 내 인생을 삼켜버릴 문이 될 줄은 몰랐다. 처음엔 재미로 시작했다. 작은 돈이 오가는 게임처럼 느껴졌다. 하지만 점점 금액이 커지고, 이기면 더 걸고 잃으면 되찾으려 했다. 그렇게 빠져나올 수 없는 늪이 되어버렸다.

땀 흘려 번 돈이 허무하게 느껴졌다. '이렇게 쉽게 돈을 벌 수 있는데 왜 고생하지?'라는 잘못된 생각이 스며들었다. 그렇게 모아둔 돈은 순식간에 사라졌고, 빚이 쌓였다. 거짓말이 늘고, 주변 사람을 피했다. 결국 고향을 떠나 서울로 도망쳤다. 아무 연고도 없는 도시에서 나는 점점 낯선 사람이 되어갔다. 비가 내리는 밤이면 지하철 출구 근처에서 몸을 웅크렸고, 새벽이면 공원 의자에서 눈을 붙였다.

벼랑 끝에서 다시 잡은 손

그러다 어느 날, '브릿지종합지원센터'라는 곳을 알게 되었다. 나 같은 사람을 도와주는 곳이라는 말을 듣고 문을 두드렸다. 상담을 통해 임시 주거 지원을 받을 수 있게 되었고, 고시원에서 지내며 조금씩 숨을 돌릴 수 있었다. 따뜻한 방이 있다는 사실만으로도 감사했다. 그때만 해도 내가 다시 무너질 줄은 몰랐다.

얼마 지나지 않아 부모님이 나를 찾아오셨다. 연락이 끊긴 지 오래였는데, 수소문 끝에 찾아온 부모님 얼굴에는 놀라움과 슬픔이 뒤섞여 있었다. 그 모습을 보고 나는 마음을 다잡았다. "다시 고향으로 내려가 새롭게 시작하자." 그렇게 결심했지만, 도박은 이미 내 안 깊숙이 뿌리내리고 있었다.

며칠 버티지 못하고 또 손이 갔다. 부모님의 지갑에 손을 대고, 빌려준 지인들에게 거짓말을 했다. 동생의 눈빛은 더 이상 나를 믿지 않았다. 결국 가족에게 씻을 수 없는 상처를 남기고, 나는 다시 서울로 도망쳤다.

그 후의 삶은 말 그대로 바닥이었다. 어느 날은 배가 너무 고파 남이 먹다 남긴 도시락을 주워 먹었고, 비가 오는 날엔 공원 화장실에서 잠을 잤다. 피눈물이 난다는 말이 그때만큼 실감 난 적이 없었다. 점점 마음이 무너졌다. 불안과 우울이 나를 짓눌렀고, 결국 한강 다리 위를 헤매며 모든 걸 포기하고 싶었다. 휴대폰을 한강에 던져버리던 그 순간, 문득 '나도 이렇게 사라지고 싶다'는 생각이 스쳤다.

그런데 이상하게도, 그 순간 떠오른 이름이 있었다. 브릿지 종합지원센터. '그냥 한 번만 더 가보자.' 그 단순한 생각 하나가 내 인생을 다시 붙잡았다. 센터 문을 다시 열었을 때, 직원분들이 따뜻하게 맞아주셨다. "돌아와 줘서 고마워요." 그 한 마디에 눈물이 터졌다. 다시 임시 주거 지원을 받으며 정신과 치료를 시작했다. 약을 복용하자 조금씩 잠을 잘 수 있었고, 차츰 우울이 가라앉았다. 하지만 도박의 유혹은 여전히 내 주변을 맴돌았다. 그럴 때마다 사회복지사님이 말했다. "삶이 느슨해지면, 그놈이 또 찾아와요. 그러니 바쁘게 살아야 해요."

그 말이 내 마음 깊은 곳에 남았다. 나는 스스로를 바쁘게 만들기로 했다. 시간제 근로를 신청했고, 하루하루 정직하게 일했다. 번 돈은 손대지 않기 위해 일부러 생활비로 다 써버렸다. 쉬는 시간마다 산책을 하고, 몸이 지칠 만큼 움직였다. 위로와 격려가 필요한 순간에는 브릿지종합지원센터에서 수요일마다 구세군 사관님들과 진행하는 공동체 프로그램에도 참여해 보았다. 내가 잡을 수 있는 모든 도움과 기회를 잡고 싶었다. 어느 순간 '혼자 있게 두지 말자'는 다짐이 생겼다. 자전거를 사서 동호회에 가입했고, 사람들과 함께 땀 흘리며 웃었다. 오랜만에 내 삶이 살아 움직이고 있다는 느낌이 들었다.

진짜 행복을 찾아서

꾸준히 성실히 살아가는 모습을 본 브릿지종합지원센터에서는 전일제 일자리를 소개해 주었다. 수입이 안정되고 센터에서 진행하는 신용회복 프로그램에 참여하여 절차도 밟을 수 있었다. 모아 놓은 돈으로 지원 주택에 입주하며 나만의 공간이 생겼고, 규칙적인 생활이 가능해졌다. 햇살이 비치는 아침이 기다려졌고, 아이의 웃음소리에도 미소가 지어졌다. 길가에 핀 풀 한 포기에도 감사한 마음이 들었다. 그제야 깨달았다. 행복은 멀리 있는 것이 아니라, 지금 이 순간의 평범한 일상 속에 있다는 것을.

어느 날, 나는 약을 끊기로 했다. 스스로 감당할 수 있다는 확신이 생겼기 때문이다. 그 무렵 사회복지사님께서 조심스럽게 내게 말씀하셨다. "동생이 몰래 센터로 와서 당신이 일하는 모습을 보고 눈물 흘리다 돌아갔어요. 부모님도 오시려 했는데, 아직은 때가 아니라고 제가 말렸어요."

그 말을 듣는 순간, 눈물이 쏟아졌다. 그동안의 잘못이 한꺼번에 밀려왔다. 가족에게 지은 죄, 속였던 시간들, 그리고 버려

진 신뢰. 그 모든 것이 마음을 짓눌렀다. 하지만 이번엔 도망치지 않았다. 그날 밤, 나는 마음속으로 굳게 다짐했다. '1년 안에 번듯한 직장을 구하고, 부모님께 당당하게 찾아가자.'

그 다짐을 지키기 위해 하루하루를 버텼다. 퇴근 후에도 운동을 하고, 아침에는 일찍 일어나 출근 준비를 했다. 힘들어도 스스로를 다잡았다. 1년 뒤, 나는 마침내 내가 원하던 직장에 취업했고, 지원 주택도 반납했다. 무엇보다 내 안에 도박이라는 그림자가 완전히 사라졌다. 그리고 마침내, 가족을 다시 만났다. 그토록 그리웠던 자리에서 우리는 서로를 꼭 안았다. 미안하다는 말, 괜찮다는 말, 그리고 오랜만에 터져 나온 웃음과 눈물이 뒤섞였다. 나는 다시 가족의 품으로 돌아왔다.

사람들은 종종 묻는다. "왜 도박에 빠졌을까요?" 돌이켜보면 나도 잘 모르겠다. 그저 잠깐의 쾌락, 허무한 환상, 그리고 현실의 고통을 잠시 잊게 해주는 거짓 위로일 뿐이다. 하지만 이제는 안다. 도박은 모든 걸 앗아가는 괴물이다. 돈도, 신뢰도, 사랑도, 나 자신도 삼켜버린다.

나는 그 괴물에게서 도망친 것이 아니라, 직접 맞서 싸워 이겨냈다. 그리고 다시 일어섰다. 이제는 누군가가 그 길 끝에서 헤매고 있다면, 브릿지종합지원센터에서 내 손을 잡아 일으켰듯이 나 또한 그들에게 내 손을 내밀 수 있는 사람이 되고 싶다. 행복은 멀리 있는 것이 아니다. 하루하루를 견디며, 다시 피어나는 마음 안에 있다. 내 안의 희망이 다시 피어나듯, 오늘도 나는 새로운 하루를 살아간다.

※ 이 글은 노숙인 희망&행복수기 공모전에서 최우수상을 수상했다.

절망 끝에서 다시 피어난 생명

한재숙 구세군남서울하우징

사람의 인생에는 누구에게나 어둠의 시간이 찾아옵니다. 하지만 제게 그 어둠은 너무 길었습니다. 한때는 그 끝이 '죽음'이라 생각했습니다.

그런 제가 지금은 구세군남서울하우징 노숙인 지원주택에서 새벽 햇살을 바라보며 커피 한 잔의 따뜻함을 느낍니다. 이제 그 모든 변화의 과정을 이야기하고 싶습니다.

저는 경기도 부천에서 태어나 초등학교부터 고등학교까지 평범하게 다녔고, 부모님의 사랑을 받으며 자랐습니다. 그러나 제 인생의 궤적은 동생의 죽음으로 완전히 바뀌었습니다. 아버지께서 실수로 저를 사망신고 하신 일이 있었는데, 그때의 충격은 말로 다 표현할 수 없었습니다.

"나는 살아 있는데, 서류상으로는 죽은 사람이라니."

그때부터 세상으로부터 버려진 기분이 들었습니다. 그런 혼란 속에서도 군에 입대해 성실히 복무했지만, 이후에는 동생 이름으로 다시 복무하는 이상한 상황까지 겪었습니다. 그렇게 세상과 이름이 뒤바뀐 채, 저는 혼란스러운 20대를 보냈습니다.

전역 후에는 택시 운전을 시작했습니다. 성실히 일했고, 스물여덟에 결혼도 했습니다. 아들과 딸을 낳았을 때 저는 세상에서 가장 행복한 사람이었습니다. 가정이 생기면 인생이 달라질 거라 믿었습니다. 그러나 빚이 문제였습니다. 중고차 매매, 정비 일 등 여러 일을 하며 버텼지만, 보증을 잘못 서면서 순식간에 5천만 원의 빚을 떠안게 됐습니다.

하루아침에 모든 것이 무너졌습니다. 회사마저 부도나고, 아내는 생활고에 지쳐 부산으로 내려갔습니다. 그 뒤로 30년이 지나도록 연락이 닿지 않았습니다.

혼자가 된 뒤 저는 프레스(고무성형) 공장에서 25년을 일했습니다. 처음에는 "일이 있으니 다행이다"라고 생각했지만, 시간이 갈수록 마음속 공허함이 커져만 갔습니다. 가족과 사람의 온기가 그리웠고, 그 외로움을 달래기 위해 술을 마셨습니다.

하루하루 술 없이는 잠을 이룰 수 없었고, 어느새 제 삶은 술에 의지해 버티는 인생이 되어 있었습니다. 나이도 많아지고, 몸은 아파오고, 마음은 점점 병들어갔습니다. 일터에서 밀려나고 주변에는 아무도 없었습니다. 그때 처음으로 '이제는 그냥 끝내고 싶다'는 생각이 들었습니다. 아무도 나에게 관심이 없고, 살아도 의미가 없다는 생각이 마음을 삼켜버렸습니다.

그날은 유난히 추운 겨울이었습니다. 퇴직금을 조금 남겨두고 방을 빼며 짐을 정리했습니다. 그리고 경기도 안산에 있는 아버지 묘를 찾아갔습니다.

"아버지, 저 이제 그만 힘들어요. 아버지 곁으로 가면 조금은 편해질까요?"

그렇게 속삭이며 묘지 옆에 자리를 잡고 며칠을 노숙했습니다. 몸은 점점 약해졌고, 마음은 이미 한계였습니다. 밤하늘을 보며 '내일은 안 일어났으면 좋겠다'는 생각을 했습니다. 그때 경찰이 저를 발견해 안산경찰서로 데려갔습니다. 하룻밤을 쉰 뒤, 누군가 제게 '노숙인 지원센터'라는 곳을 소개해주었습니다. 그게 제 인생의 마지막 기회였습니다.

따뜻한 보금자리에서 시작된 치유

노숙인 지원센터에서 처음으로 '도움을 받아도 된다'는 것을 배웠습니다. 노숙인 등록이 되면서 고시원으로 연계되어 지내다가 노숙인 지원주택 프로그램을 소개받았습니다. 처음엔 의심스러웠습니다.

"나 같은 사람도 다시 살 수 있을까?"

하지만 그 생각은 곧 바뀌었습니다. 구세군남서울하우징 노숙인 지원주택에 들어와 처음 느낀 것은 '안정감'이었습니다. 밤새 추위에 떨지 않아도 되었고, 아침에 눈을 떴을 때 '오늘도 살아 있구나'라는 생각이 들었습니다. 무엇보다 센터장님과 사회복지사분들이 꾸준히 제 이야기를 들어주셨습니다. 그들의 따뜻한 말 한마디에 제 마음의 문이 조금씩 열렸

습니다.

입주 초기에는 여전히 불면증과 우울증이 심했습니다. 하지만 매주 '노정균신경정신과의원'을 찾아가 꾸준히 치료를 받았습니다. 처음엔 의사에게 제 이야기를 하는 것이 부끄럽고 힘들었지만, 이제는 그 시간이 저를 살리는 시간이 되었습니다. 지금은 완전히 금주했습니다. 술에 의지하지 않아도 밤에 잠을 잘 수 있게 되었고, 아침에 일어나면 스스로 밥을 차려 먹습니다.

구세군남서울하우징에서 진행하는 자활 프로그램에도 참여했습니다. 요리교실, 원예활동, 건강체조 프로그램 등을 통해 사람들과 대화를 나누고 웃을 수 있게 되었습니다. 그 웃음이 얼마나 그리웠는지 모릅니다. 누군가 제게 "요즘 얼굴 좋아지셨어요."라고 말해줄 때마다, "아, 나도 이제 다시 살아가고 있구나."라는 생각이 듭니다.

지금 저는 구세군남서울하우징 노숙인 지원주택에서 하루하루를 감사하며 살아가고 있습니다. 아직 경제적으로 여유롭지는 않지만, 기초생활수급을 통해 생계와 주거는 안정되었습니다. 무엇보다 마음이 편안해졌습니다. 예전에는 죽고 싶다는 생각이 하루에도 몇 번씩 들었지만, 이제는 '오늘은 어떤 걸 해볼까?'라는 생각을 합니다.

제 꿈은 거창하지 않습니다. 그저 지금처럼 사람들과 인사하고, 식사하고, 프로그램에 참여하며 작은 행복을 느끼며 사는 것입니다. 저는 구세군남서울하우징에서 단순히 '주거 공간'을 얻은 것이 아니라, '살고 싶다는 마음'을 돌려받았다고 생각합니다.

이곳에서 저는 다시 태어났습니다. 그래서 이 글을 통해 제 이야기를 나누고 싶었습니다. 혹시 지금 이 글을 읽는 누군가가 저처럼 절망 속에 있다면 꼭 말해주고 싶습니다.

"당신은 다시 일어설 수 있습니다. 절망의 끝은 죽음이 아니라, 새로운 시작입니다."

※ 이 글은 노숙인 희망&행복수기 공모전에서 우수상을 수상했다.

네 번째 절망 끝에서 만난 희망, 구세군과의 인연

이지훈 구세군호텔용품재활용사업센터

저는 20대와 30대, 인생에서 가장 빛나야 할 시기에 두 번의 큰 변곡점을 맞았습니다. 그 시련 앞에서 스스로를 통제하지 못한 채, 마치 무엇인가에 홀린 듯 네 번이나 자살을 시도했습니다. 당시의 절망이 얼마나 깊었는지, 놀랍게도 네 번 모두의 기억이 희미합니다. 정신을 차리고 눈을 뜨면 늘 병원이었고, 남아 있는 것은 혼란뿐이었습니다.

30대 초반부터 정신의학과 치료를 받으며 점차 안정을 찾아갔습니다. 비록 지금도 불면증에 시달리지만, 꾸준한 치료 덕분에 무너졌던 삶을 조금씩 바로 세우며 안정적인 궤도에 오르기 시작했습니다. 그렇게 20년 가까운 시간이 흐른 뒤, 저는 다시 평범한 삶을 살 수 있다고 믿었습니다.

그러나 50대를 바라보던 시점, 또 한 번의 큰 시련이 찾아왔습니다. 바로 사업 실패였습니다. 그동안 안정적으로 유지해왔던 모든 것이 한순간에 무너졌고, 감당할 수 없는 빚더미 앞에 좌절했습니다. 절망감은 파도처럼 밀려왔고, 저는 다시 깊은 어둠 속으로 빠져들었습니다.

이전의 자살 시도가 무의식적인 발작이었다면, 그때는 처음으로 의식적으로 '죽어야겠다'고 결심했던 때였습니다. 사랑하던 모든 것을 잃었다는 상실감, 실패자라는 낙인은 제 어깨를 짓눌렀고, '이번에는 반드시 끝내야 한다'는 생각 외에는 아무것도 남아 있지 않았습니다. 더 이상 버틸 힘이 없었습니다. 어디서부터 얼마나 걸었는지도 모른 채 하염없이 걸었습니다. 그렇게 걷다 보니 도착한 곳은 월드컵대교였습니다. 그곳에서 저는 삶을 끝내려 했습니다.

바로 그 순간, 제 인생에서 가장 귀한 인연이 찾아왔습니다. 제가 뛰어내리려던 찰나, 우연히 대교 위를 지나가던 한 남성분이 제 팔을 붙잡았습니다. 그분의 필사적인 손길 덕분

에 저는 죽음의 문턱에서 돌아올 수 있었습니다. 이후 자살 예방센터 상담사님과 상암동 파출소 경찰관님들의 헌신적인 연계를 통해 저는 서울특별시립브릿지종합지원센터에 오게 되었습니다.

다시 일어설 힘을 준 따뜻한 손길들

구세군은 제 인생의 새로운 변곡점이자 희망의 시작이었습니다. 브릿지종합지원센터에서 만난 분들의 도움을 생각하면 지금도 가슴이 뭉클해집니다. 임시주거지원팀의 이민규 선생님과 이홍태 선생님, 정신건강 상담을 해주셨던 김혜라 선생님, 일자리 지원센터의 김미영 선생님……. 이분들은 벼랑 끝에 선 저를 다시 일으켜 세워 주신 분들입니다. 특히 김혜라 선생님은 제가 정신적으로 완전히 무너져 희망조차 보이지 않을 때, 따뜻한 위로와 전문적인 상담으로 다시 살아갈 용기를 주셨습니다.

그 후 서대문 사랑방과의 인연은 제 회복에 결정적인 도움이 되었습니다. 서대문 사랑방은 거리를 떠돌던 저에게 따뜻하고 안전한 잠자리를 제공해 주었습니다. 오랜 시간 긴장 속에 살던 저에게, 며칠이라도 따뜻한 방에서 편히 잠을 잘 수 있었다는 사실은 큰 심리적 안정을 주었습니다. 또한 국장님과 부장님께서는 매일 진심이 담긴 말씀으로 저를 격려해 주시며, 다시 사회로 나아갈 용기를 북돋아 주셨습니다.

이후 일자리 지원의 김미영 선생님 도움으로 저는 구세군 호텔용품재활용사업센터에서 일할 기회를 얻었습니다. 그리고 그곳에서 이완종 센터장님을 만났습니다. 센터장님께 진심으로 감사드립니다. 출근 첫날, 끼니 걱정을 하던 저에게 가불을 해주시며 "잘 먹고 기운 내면서 지내다 보면 모든 게 좋아질 거예요."라고 해주신 말씀을 지금도 잊을 수 없습니다.

호텔용품재활용사업센터에서 저는 진정한 소속감을 느꼈습니다. 함께 일하는 동료들은 저와 같은 아픔을 겪었기에, 서로를 누구보다 깊이 이해했습니다. 무거운 짐을 함께 나르며 흘린 땀방울, 짧은 휴식 시간의 사소한 농담과 웃음 속에서 저는 '혼자가 아니다'라는 사실을 깨달았습니다. 직원들은 저를 단순한 일용직 노동자가 아닌 한 사람의 인격체로 존중해 주었고, 그들의 따뜻한 눈빛과 격려는 무너졌던 제 자존감을 다시 일으켜 세워 주었습니다.

땀 흘려 일한 대가로 급여를 받고, 작은 성취를 쌓을 때마다 '나도 쓸모 있는 사람이다'라는 확신이 생겼습니다. 과거의 실패와 낙인은 여전히 남아 있지만, 이제는 그 무게에 짓눌리지 않습니다. 책임감을 가지고 맡은 일을 해내는 그 과정 자체가 제게는 가장 강력한 재활 치료였습니다.

기적 같은 일상, 이제는 희망을 향해

이 모든 도움 덕분에 저는 마침내 매입임대주택에 입주하여 안정적인 보금자리를 마련할 수 있었습니다. 따뜻한 내 방에서 맞는 아침은 그야말로 기적 같습니다. 주거 불안정에서 벗어났지만, 저는 여기서 멈추지 않습니다. 지역사회로 완전히 복귀하기 위해 평일에는 센터에서 성실히 일하고, 주말에는 아르바이트를 하며 자립을 위한 노력을 이어가고 있습니다. 적은 금액이라도 꾸준히 모아 완전한 자립을 이루고, 한때 실망만 드렸던 가족들에게 이제는 힘이 되는 아들이 되고 싶습니다.

돌이켜보면, 제 생명을 구해주신 이름 모를 시민분을 비롯해 자살예방센터, 경찰관님들, 그리고 구세군 산하의 모든 분이 각자의 자리에서 얼마나 큰 노력을 하고 계신지 절감하게 됩니다. 브릿지종합지원센터에서의 상담과 연계, 서대문 사랑방의 따뜻한 주거 지원, 호텔용품재활용사업센터의 일자리와 공동체 지원까지……. 이 모든 분의 헌신 덕분에 저와 같은 취약계층이 새로운 희망을 찾고, 다시 살아갈 수 있는 것 같습니다.

저는 지금 희망을 품고 다시 걷고 있습니다. 사업 실패의 절망과 네 번의 자살 시도라는 무거운 과거를 짊어졌지만, 구세군을 통해 얻은 새로운 삶의 기회를 결코 놓치지 않을 것입니다. 제가 받은 사랑과 도움을 잊지 않고, 언젠가 저와 같은 아픔을 겪는 이들에게 손을 내밀 수 있는 사람이 되고 싶습니다.

※ 이 글은 노숙인 희망&행복수기 공모전에서 우수상을 수상했다.

책 속의 말·말·말

"손을 잡아주는 단 한 사람만 있어도
사람은 나락에서 올라올 수 있다."

"그냥 한 번만 더 가보자.
그 단순한 생각 하나가 내 인생을 다시 붙잡았다."

"죽고 싶다는 생각 대신
'오늘은 어떤 걸 해볼까?' 하는 생각을 한다."

02

누군가 내 손을 잡았을 때

만남과 안식

누군가 내 손을 잡았을 때

세상 모두가 등을 돌렸다고 생각했던 그 절벽 끝에서,
기적은 아주 사소하고 투박한 모습으로 찾아왔다.
며칠을 굶은 배를 채워준 따뜻한 도시락 하나,
얼어붙은 손을 주저 없이 덥석 잡아준 사회복지사의 거친 온기,
그리고 "당신은 혼자가 아니다"라고 말해주는 그 진실한 눈빛이었다.

처음엔 의심했고, 때로는 밀어내기도 했다.
하지만 조건 없이 내밀어진 그 끈질긴 손길은 굳게 닫혀 있던
마음의 빗장을 스르르 열어주었다.
쉼터와 상담소, 그리고 작은 쪽방에서 비로소 우리는 두 다리를 뻗고
누우며 '사람다운 삶'을 다시 꿈꾸기 시작했다.

2부는 우리를 다시 일으켜 세운 그 따뜻한 만남과,
지친 몸을 누일 수 있었던 안식처에 대한 이야기다.
손을 잡으니, 비로소 보이지 않던 길이 희미하게 보이기 시작했다.

하나님의 사랑으로 다시 일어선 삶

박대성 구세군ARC연수원

그 시절을 떠올리면 지금도 마음 한구석이 시리고 먹먹합니다. 무릎이 아파 일을 그만두게 된 뒤부터 모든 것이 무너졌습니다. 평생 몸으로 일하며 살아온 저는 손으로 일하지 않으면 살 수 없는 사람이었습니다. 처음엔 잠시 쉬면 나아질 거라 믿었지만, 시간이 지나도 통증은 나아지지 않았고 결국 생계가 막히고 말았습니다.

방세를 내지 못해 집을 잃었고, 친척과 친구에게조차 손을 내밀기 어려웠습니다. 자존심이 무너지고, 사람들과의 관계도 끊겼습니다. 하루하루를 버티는 것이 고통이었고, 어느새 저는 거리의 사람이 되어 있었습니다. 거리의 밤은 길고, 춥고, 고독했습니다. 찬 바람이 얼굴을 스치면 눈물이 났고, 사람들의 무심한 시선 속에서 저는 점점 제 자신을 쓰레기처럼 느꼈습니다. 한 끼 식사를 위해 쓰레기통을 뒤지던 어느 날, 제 안에서 '이렇게 살아서 뭐 하나'라는 생각이 자꾸만 올라왔습니다. 저는 서서히 무너지고 있었습니다.

하루하루가 버티기 힘들던 어느 날, 저는 모든 걸 끝내고 싶다는 생각에 한강 다리에 올랐습니다. 그날따라 바람이 차가웠고, 제 마음은 더 차가웠습니다. 세상 누구에게도 필요 없는 존재라는 절망감이 저를 삼켰습니다. 그때, 멀리서 교회의 종소리가 들렸습니다. 음주로 인한 환청인지 모를 찬송가의 선율이 바람에 실려 제 귀에 들어왔습니다. 그 순간 이상하게 발걸음이 멈췄습니다.

"혹시 하나님이 나를 부르고 계신 건 아닐까?"

문득 그런 생각이 스쳤고, 그 자리에서 눈물이 쏟아졌습니다. 하나님은 저를 꾸짖지 않으셨습니다. 오히려 "잘못했지만,

네가 돌아온 걸 나는 기뻐한다"며 따뜻하게 품어주시는 것 같았습니다. 그날 이후 저는 "하나님, 저를 살려주세요. 한 번만 더 기회를 주세요"라고 기도하기 시작했습니다. 그 기도는 절망 속의 마지막 희망이었습니다.

하지만 삶은 여전히 녹록지 않았습니다. 배가 고프고 추운 어느 날, 불 꺼진 편의점 앞에 놓인 가방 하나가 눈에 들어왔습니다. 안에는 지갑과 현금이 있었습니다. 그 순간, 양심보다 절박함이 더 크게 저를 흔들었습니다. 결국 저는 그 돈을 들고 도망쳤습니다. 도망치며 심장이 미친 듯이 뛰었고, "이건 아니야…"라는 소리가 머릿속에서 계속 울렸습니다.

얼마 지나지 않아 경찰에게 붙잡혔을 때, 이상하게도 안도감이 밀려왔습니다. "이제는 숨지 않아도 되겠구나." 그 자리에서 저는 울음을 터뜨렸습니다. 경찰서에서 조사를 받는 동안 건강하던 시절, 가족의 웃음, 하나님을 믿고 교회에 다니던 제 모습이 떠올라 후회와 자책이 몰려왔습니다. 그날 저는 처음으로 진심으로 무릎을 꿇었습니다.

"하나님, 잘못했습니다. 다시는 이렇게 살지 않겠습니다. 제게 한 번만 더 기회를 주세요."

사람의 온기로 다시 찾은 생명

그 후 저는 구세군 쉼터로 인도받았습니다. 처음에는 기대도 믿음도 없었습니다. '누가 나 같은 사람을 도와주겠어….' 그런 마음으로 상담실 문을 열었지만, 복지사 선생님들은 저를 '노숙인'이 아닌 '한 사람'으로 대해주셨습니다. 그분들은 제 이야기를 끝까지 들어주시고, 고개를 끄덕이며 말씀하셨습니다.

"지금 많이 힘드셨죠? 이제부터 함께 다시 시작해 봅시다."

그 따뜻한 말 한마디가 제 마음의 벽을 무너뜨렸습니다. 복지사 선생님들은 제 건강 상태를 확인하고 병원 진료를 연결해 주셨습니다. 무릎 치료와 정신과 상담이 동시에 진행되었습니다. 처음엔 병원 가는 것이 두려웠지만, 선생님께서 제 어깨를 잡고 "할 수 있어요. 다시 일어설 수 있습니다"라고 말씀해 주신 것이 생명의 불씨가 되었습니다.

치료는 쉽지 않았습니다. 재활 치료를 받으며 통증에 시달렸고, 우울증 약물 치료 과정에서도 여러 번 흔들렸습니다. 그러나 브릿지센터 선생님들은 매일같이 안부를 물어주시고, "오늘 하루만 잘 버텼어요. 그게 대단한 겁니다"라고 격려해 주셨습니다.

시간이 지나면서 몸이 조금씩 회복되자, 저는 공공근로 일자리를 소개받았습니다. 무릎이 여전히 욱신거렸지만, 그 고통조차 행복했습니다. "나도 다시 일할 수 있구나." 그 작은 성취가 제 삶에 희망의 불씨를 지폈습니다. 매달 받는 급여는 크지 않았지만, 그 돈으로 식사도 하고 교통비도 마련하며 조금씩 저축도 할 수 있었습니다. 무엇보다 '내 힘으로 살아간다'는 자존감이 다시 세워졌습니다.

갚아야 할 사랑, 그리고 새로운 꿈

복지사 선생님들은 늘 제 곁에서 서류를 챙겨 주시고, 병원 예약을 도와주며, 따뜻한 커피 한 잔으로 마음을 다독여 주셨습니다. 그분들의 진심 어린 도움 덕분에 저는 세상을 다시

믿을 수 있게 되었습니다. 삶이 조금씩 안정되자, 제 안에서 새로운 꿈이 피어났습니다.

"나도 누군가에게 이런 힘이 되고 싶다."

지금 저는 복지사를 꿈꾸며 공부를 시작했습니다. 제가 받은 사랑과 도움을 이제는 누군가에게 나누고 싶습니다. 한때 세상을 원망하던 제가 이제는 '감사'를 먼저 배우고 있습니다. 어느 날, 목사님께서 제 손을 꼭 잡고 말씀하셨습니다.

"하나님은 네가 죄 지은 순간에도 널 버리지 않으셨단다. 네가 돌아온 지금이 바로 새 삶의 시작이야."

그 말씀을 들으며 저는 또 눈물을 흘렸습니다. 하지만 이번엔 절망의 눈물이 아닌 감사와 회개의 눈물이었습니다. 저는 확신합니다. 하나님은 쓰러진 자를 버리지 않으시며, 죄인에게도 새 기회를 주시는 분이십니다. 구세군 쉼터와 브릿지센터 선생님들, 그리고 하나님의 사랑 덕분에 저는 다시 일어설 수 있었습니다.

이제 저는 자활 프로그램을 통해 일하며, 작은 봉사라도 하며 누군가에게 도움이 되고자 합니다. 과거의 실패와 고통은 부끄럽지만, 그때의 눈물이 오늘의 저를 일으킨 밑거름이 되었습니다. 저는 믿습니다. 한 사람의 진심과 하나님의 사랑은 절망 속에서도 새 생명을 피워내는 기적이라는 것을요.

오늘도 다짐합니다. “다시는 어둠으로 돌아가지 않겠습니다. 주님 안에서 정직하게, 감사하며 살겠습니다.” 그리고 이 글을 읽는 모든 분께 전하고 싶습니다. 당신은 버려지지 않았습니다. 하나님은 여전히 당신을 사랑하고 계십니다. 그 사랑이, 절망 속에서도 당신을 다시 일으켜 세울 것입니다.

※ 이 글은 노숙인 희망&행복수기 공모전에서 장려상을 수상했다.

‘집’을 얻었고, ‘사람다움’을 배웠으며, ‘희망’을 다시 품었다.

구준오 구세군남서울하우징

서른을 훌쩍 넘긴 지금에서야, 나는 비로소 ‘살아있다’는 말의 의미를 조금은 알게 되었다. 서울에서 태어나 자랐지만, 내 가정은 늘 불안정했다. 부모님의 잦은 다툼과 결국 찾아온 이혼. 그 뒤로 나는 홀로 서는 법을 배워야 했다. 고등학교 졸업 후 사회에 나가 일을 시작했지만, 마음 한구석의 외로움은 쉽게 사라지지 않았다. 누구에게도 말하지 못한 채 묵묵히 버텼다.

수출회사 사무직에서 몇 년을 근무했지만, 회사가 어려워지며 갑작스러운 실직을 겪었다. 이후 물류센터, 환경미화, 배달

등 여러 일을 전전했지만 생활은 좀처럼 나아지지 않았다. 방세가 밀려 고시원에서 쫓겨나고, 빚은 점점 늘어만 갔다. 삶이 무너졌다고 느꼈던 어느 날, 나는 극단적인 선택을 시도했다.

2015년 3월 새벽, 마포대교 위에서 세상과 작별하려던 순간, 나를 발견한 경찰과 소방대원이 '구세군 브릿지종합지원센터'로 연계해 주었다. 그곳에서 상담사는 내 손을 꼭 잡아주었다. 그날 이후, 나는 '누군가의 도움으로 다시 살아난 사람'이 되었다. 그러나 살아남았다는 안도감도 잠시, 마음의 상처는 쉽게 회복되지 않았다. 여전히 나는 살아가는 법을 몰랐다.

고시원 생활은 참혹했다. 좁은 방, 끊임없는 소음, 예민해지는 신경. 감정이 쌓이다 못해 벽을 치다 손가락이 부러진 적도 있었다. 그때 생각했다. '이대로는 정말 안 되겠다.' 그 무렵, 사회복지사를 통해 지원주택 입주 제안을 받았다. 처음엔 두려웠다. '내가 과연 그곳에 어울릴 수 있을까? 다시 잘 지낼 수 있을까?' 하지만 담당 사회복지사님은 조용히 말했다.

"이곳은 단순한 집이 아니라, 다시 살아볼 수 있는 출발점이

에요.”

그 말이 마음 깊이 남았다. 2023년 가을, 나는 파크빌 502호에 입주했다. 이전의 고시원과는 비교할 수 없었다. ‘이곳이 내가 살 집이구나’라는 감정이 처음으로 들었다. 그날 밤, 작은 방 안에서 나는 하염없이 눈물을 흘렸다.

‘집’이 사람을 살리다

입주 이후, 구세군남서울하우징은 단순히 공간을 제공하는 곳이 아니었다. 담당 복지사님은 매주 찾아와 내 이야기를 들어주었고, 생활 속 어려움을 함께 해결해 나갔다. 소음 문제나 감정 조절이 힘들 때마다 대화하며 방안을 찾아주셨고, 병원 연계, 자활근로, 채무조정 상담 등 실질적인 지원도 이어졌다. 나에게 지원주택은 ‘머무는 곳’이 아니라, 다시 일어설 수 있도록 손을 잡아주는 곳이었다.

물론 입주 초기의 나는 여전히 불안했다. 이웃의 생활 소음에도 예민했고, 마음이 흔들릴 때마다 복지사님을 찾아가 털

어놓곤 했다. 그럴 때마다 선생님은 말했다.

“준오 씨, 고생 많으시죠. 다들 혼자 사는 건 처음이라 어려움이 많아요. 제가 도울 수 있는 걸 함께 찾아볼게요.”

그 따뜻한 말이 내 마음을 조금씩 바꾸어 놓았다. 처음에는 일용직과 자활 일자리를 전전하며 방세와 채무를 갚고 나면 남는 돈이 없었다. 그러나 복지사님이 식사는 했는지 안부를 묻고, 함께 밥을 먹으며 나눈 이야기들이 큰 힘이 되었다. 그렇게 조금씩 변화가 시작됐다.

입주 당시 2,000만 원이 넘던 채무를 절반 이상 갚았고, 매달 15만 원씩 보증금을 납부하며 저축도 시작했다. 필요한 가전과 가구를 직접 마련했고, 월급이 들어오면 계획적으로 지출을 관리했다.

“이건 준오 씨가 스스로 해낸 거예요.”

복지사님의 칭찬 한마디가 내게 책임감을 심어주었다. 이웃과의 관계도 달라졌다. 예전에는 누구도 믿지 못했지만, 이제는 인사하고, 함께 식사하며, 프로그램에도 꾸준히 참여한다.

누군가에게 도움을 받던 내가, 이제는 누군가에게 도움을 줄 수 있는 사람이 되고 있다. 이 작은 변화들이 모여 나를 '혼자가 아닌 사람'으로 만들어 주었다.

평범한 하루가 주는 기적

지금 나는 송파구청 인근 자활 일자리에서 꾸준히 근무하고 있다. 출근하고, 일하고, 집에 돌아와 저녁을 먹는 이 평범한 하루가 내게는 가장 소중하다. 아직 남은 채무도 있고 완전한 자립까지는 시간이 필요하지만, 이제 나는 도망치지 않는다. 내가 서 있는 이 자리가, 나를 믿어준 구세군남서울하우징과 함께 만들어낸 자리이기 때문이다.

구세군의 도움은 단순한 경제적 지원이 아니었다. '사람은 다시 시작할 수 있다'는 믿음을 심어준 것이었다. 그 믿음 덕분에 나는 오늘도 조금씩 앞으로 나아가고 있다.

이제 나의 꿈은 단순하다. 빚을 모두 갚고, 안정된 일자리를 유지하며, 언젠가 내 힘으로 전셋집을 얻는 것. 그리고 지금의 나처럼 힘든 시기를 겪는 사람에게 "당신도 다시 시작할 수 있어요"라고 말해줄 수 있는 사람이 되는 것이다. 나는 구세군남서울하우징에서 '집'을 얻었고, '사람다움'을 배웠으며, '희망'을 다시 품었다.

※ 이 글은 노숙인 희망&행복수기 공모전에서 최우수상을 수상했다.

통증 속에서도 다시 피어난 희망

최시우 구세군가재울쉼터

끝없는 고통의 터널을 지나

구세군가재울쉼터에 입소하게 된 계기는 몇 년 동안 이어진 심한 허리 통증 때문이었습니다. 수많은 시술을 받아보고, 민간요법도 시도해 보았으며, 심지어 지네 가루까지 구역질을 참아가며 먹어봤지만 아무런 효과가 없었습니다. 움직일 때마다 저도 모르게 통증으로 비명을 질렀고, 누워 지내는 시간은 점점 길어졌습니다.

그 고통 속에서 하루하루 우울감과 무기력, 공허함이 커지면서 나 자신을 잃어갔습니다. '이 고통 속에 평생 살아갈 자신이 없다'는 절망적인 생각이 마음속에 씨앗처럼 자라나고 있었습니다.

결국 수술을 결심했습니다. 디스크를 제거하고 인공디스크를 삽입한 뒤, 척추에 철심 네 개를 고정하는 척추 유합 수술을 받았습니다. 수술 후 처음 6개월 정도는 통증이 가라앉는 듯했지만, 어느 순간부터 다시 통증이 밀려왔습니다. 조금만 움직여도 누군가가 허리를 뒤에서 칼로 찌르는 듯한 고통이 찾아왔고, 비명을 지르며 다시 누워 지내는 생활이 반복되었습니다.

생활비를 벌려면 일을 해야 했지만 몸이 따라주지 않았습니다. 결국 기초생활수급자로 몇 년을 지냈는데, 허리가 조금 나아져 일을 해보려 해도 수입이 생기면 생계비가 차감되거나 수급이 중지된다는 말에 아무 일도 할 수 없었습니다. 병원만 다니며 무의미한 시간을 보내다 보니 점점 삶이 무너져 내렸습니다. 밥도 먹기 싫고 약도 끊게 되었으며, 혼자 있다 보니 고립감만 커졌습니다.

따뜻한 밥상과 사람의 온기

다시 어두운 생각들이 스멀스멀 올라올 때, '이대로는 안 되겠다'는 마음이 들었습니다. 비슷한 환경의 사람들과 함께 생활하며 물리치료를 꾸준히 받을 수 있는 노숙인 요양시설을 찾아 입소했습니다. 그곳에서 꾸준히 물리치료와 운동을 하자 몸 상태가 조금씩 좋아졌고, 1년 반 정도를 지내면서 이제 무리하지 않는 선에서 일도 할 수 있겠다는 희망이 생겼습니다. 그래서 자활 쉼터를 알아보다가 인터넷을 통해 구세군가재울쉼터를 알게 되었고 입소하게 되었습니다.

처음 왔을 때 원장님을 비롯한 모든 직원분들이 정말 친절하게 대해주셨습니다. 존중과 배려가 느껴지는 따뜻한 분위기에 "다른 시설과는 다르다"는 좋은 인상을 받았습니다. 비슷한 환경의 생활인분들과 함께 지내다 보니 사회에서처럼 가면을 쓸 필요가 없었습니다. 서로의 사정을 이해하고, 허심탄회하게 대화하며 자연스럽게 어울릴 수 있었습니다.

밖에서 혼자 살 때는 생일을 챙기기도 어려웠는데, 이곳에서는 다 함께 축하해 주며 생일 케이크와 선물까지 준비해 주

셨습니다. 그 정성과 따뜻한 마음에 큰 감동을 받았습니다. 가끔 진행되는 프로그램들도 유익하고 즐겁습니다. 간식까지 챙겨주시니 참여할 때마다 기분이 좋아집니다.

입소 후에는 구세군브릿지종합지원센터의 도움으로 허리에 무리가 가지 않는 반일제 일자리에 참여하게 되었습니다. 직원분들의 격려와 도움 덕분에 자신감과 자존감이 많이 회복되었습니다. 반일제 근무를 마친 뒤에는 오후에 민간 일자리에도 참여하며 한 번도 빠짐없이 적금을 들었습니다. 지금은 9개월째 꾸준히 저축 중이며, 퇴소할 때까지 성실히 모아 자립과 치료에 사용하려 합니다.

건강한 자립, 그리고 나누는 삶

저녁 식사 시간이 지나 귀가할 때마다 조리사분들이 따로 식사를 챙겨 주셔서 늦은 시간에도 따뜻한 밥을 먹을 수 있습니다. 이런 배려 덕분에 하루의 피로가 녹아내리고, 감사한 마음이 절로 듭니다. 술은 허리 통증 때문에 거의 마시지 못하지만, 그 대신 장기나 탁구 같은 가벼운 운동을 하며 스트레스를 풉니다. 비록 소소하지만, 그 시간들이 제게는 큰 행복이 됩니다.

자연을 좋아해 저렴하게 힐링할 수 있는 여행지도 자주 찾아다니며, 직접 여행 코스를 검색해 계획을 세우는 재미도 느낍니다. 여행을 마치면 뿌듯함과 성취감이 생겨 더 열심히 일하고 저축해야겠다는 의욕이 생깁니다. 그 덕분에 지금은 구세군가재울쉼터에서의 생활이 참 즐겁습니다.

쉼터에서는 한 달에 한 번 이상 개인 정기 상담을 통해 생활인들의 건강, 심리 상태, 채무 문제 등을 세심하게 살펴주십니다. 섬세하고 따뜻한 피드백을 주셔서 큰 정서적 울타리가 되어 줍니다. 생활실 청소도 스스로 당번을 정해 청결하게 유지하며, 항상 깨끗하고 위생적인 환경이 유지되어 정말 내 집 같은 포근함을 느낍니다. 음주 관리도 철저해서 술에 취해 들어오는 분이 없기에 이곳은 저에게 조용하고 편안한 안식처가 되었습니다. 너무 좋은 점만 이야기한 것 같지만, 이것이 제가 구세군가재울쉼터를 경험하며 느낀 솔직한 진심입니다.

이곳에서 생활하면서 제 사고방식이 긍정적으로 변했고, 세상을 밝게 보게 되었습니다. 그래서 요즘은 하루하루가 행복하다고 느낍니다. 구세군가재울쉼터에 진심으로 감사드립니다.

앞으로의 계획은 수입이 많든 적든 허리 건강을 지키며 오래 일할 수 있는 안정적인 일자리를 갖는 것입니다. 그리고 여유가 된다면, 저보다 더 어려운 분들을 위해 제가 받은 사랑과 도움을 봉사로 되돌려드리고 싶습니다. 그것이 제가 앞으로 나아갈 길이며, 제가 느낀 보람과 감사의 마음을 표현하는 방법입니다.

※ 이 글은 노숙인 희망&행복수기 공모전에서 장려상을 수상했다.

깨어진 병,
그리고 다시 시작된 나의 항해

송하성(가명) 서울특별시립양평쉼터

꿈만 같던 은퇴, 그리고 나락으로 떨어진 삶

7일간, 길게는 무려 10일까지 쉴 수 있는 긴 추석 연휴를 얻은 사람들은 저마다 계획을 세웠을 것이다. 비행기를 타고 해외여행을 가거나 국내 여행을 하거나, 혹은 가족과 친척을 방문하고 성묘를 하는 등 많은 사람의 모습에는 행복한 일상을 꿈꾸는 마음이 담겨 있다.

몇 년 전까지만 해도 나 역시 그랬다. 아내와 1남 2녀의 자녀와 함께 넉넉하진 않아도 나름대로 행복하게 살아왔다. 하지만 지금 나는 수십 명의 '노숙인'들과 함께 양평쉼터에 의지하며 살아가고 있다. 30대의 젊은 사람부터 70대 이상의 노인까지, 저마다의 사연을 안고 쉼터에서 고단한 나날을 보내고 있다. 다행히 나는 고혈압 약을 복용하는 것 외에는 신체적 이상이 없다. 나이는 일흔이지만, 근무가 없는 날에는 하루 약 2만 보를 걸으며 4시간 이상 산책을 계속할 정도로 건강하다.

지난 10월 초 추석 연휴 동안에는 주말을 제외하고 하루 4시간씩 공공일자리(시간제 청소)로 일했다. 주로 화장실과 시설 청소를 담당했으며 월 임금은 약 80만 원 정도였다. 근무는 최대 9개월까지만 가능하고 이후 3개월은 쉬어야 한다. 아마 나를 아는 사람들은 지금의 내 모습을 믿기 어려울 것이다. 30년 넘게 교육행정직 공무원으로 근무하며 서류와 컴퓨터 앞에서 일하던 사람이, 정년퇴직 1년을 남기고 사무관으로 명예퇴직한 후 이렇게 노숙인이 되었으니 말이다.

퇴직 후 몇 년간은 정말 꿈만 같았다. 출퇴근의 제약이 없어 좋았고 수입도 넉넉했다. 각종 자선단체에 후원하며 선의의 삶을 살았고, 단편소설·시·수필 등에서 여러 차례 수상하며

문학적으로도 이름을 알렸다. 그러나 재정적인 문제가 생기면서 욕심이 커졌고, 결국 한순간의 판단이 인생을 송두리째 무너뜨렸다. 수입이 끊기고 재산도 잃은 나는 기초연금 등 정부 지원조차 받을 수 없는 처지가 되었다. 채권 압류와 하루가 멀다 하고 이어지는 빚 독촉 속에서 생계는 막막하기만 했다.

아픔 속에서 다시 느낀 사람의 온기

결국 2023년 3월, 경남 양산에서 노천 노숙을 시작했고, 이후 서울로 올라와 거리 생활을 하다가 같은 해 9월 추위와 배고픔을 견디지 못해 영등포보현희망지원센터에 입소했다. 그때 내가 가진 돈은 지하철 보증금 500원에 잔돈 110원을 더한 단돈 610원뿐이었다. 이곳은 일시적인 보호소였기에 그해 11월 양평쉼터로 옮겨오게 되었다. 낡은 청바지 한 벌, 여름 바지 한 벌, 그리고 노트북 가방 하나가 전부였다.

쉼터에서는 따뜻한 잠자리와 세 끼 식사, 의료 지원, 그리고 영농이나 청소 등 일자리까지 제공해 주었다. 정말 고마운 곳이었다. 하지만 '노숙인'이라는 자괴감 때문에 나는 점점 소극적인 사람이 되어 갔다.

2023년 크리스마스 무렵에는 자원봉사자로 구세군 자선냄비 모금 활동에 참여했다. '마음은 하나님께, 손길은 이웃에게'라는 문구가 새겨진 자선냄비 앞에서 따뜻한 마음으로 기부하는 사람들의 모습에 깊은 감동을 받았다. 2024년 2월부터는 자활근로(반일제)로 한 달 약 70만 원의 수입을 얻으며 조금씩 상황이 나아졌다.

그러던 중 5월 5일 저녁, 갑자기 복통이 찾아왔다. 어릴 적 이후로 큰 통증을 느껴본 적이 없던 나는 곧 괜찮아질 것이라 생각했지만, 점점 고통이 심해졌다. 결국 당직자이신 서 과장님께 연락했고, 119를 통해 양평병원 응급실로 이송되었다. 진단 결과, 담낭에 큰 담석이 있어 즉시 수술이 필요하다는 소견이었다. 여러 병원을 거쳐 용인 M병원으로 옮겨졌고 다음 날 담석 제거 수술을 받게 되었다.

조금만 늦었어도 위험할 수 있었다고 했다. 수술비와 입원비가 많이 들었지만, 쉼터의 도움과 간호사님의 격려 덕분에 마음을 놓고 수술을 받을 수 있었다. 15일간 입원 후 퇴원할 때 나온 치료비는 무려 540만 원이었다. 이 모든 비용을 지원해 주신 원장님과 직원분들, 간호사님께 깊이 감사드린다. 가족도, 아는 사람도 찾아오지 않았지만, 쉼터의 따뜻한 손길 덕분에 나는 인간의 정을 다시 느꼈다.

이후 나는 다시 삶의 의지를 다졌다. 5월부터 서울시 인문학 수업을 들으며 삶의 길을 모색했고, 근무가 없는 날에는 용문역이나 지평면까지 왕복 2만 보를 걸었다. 그 길 위에서 참 많은 생각을 했다. 그러던 2024년 11월, 또 한 번의 시련이 찾아왔다. 월수입이 거의 없는 내게 아내가 결국 이혼 소송을 제기했고, 29년 만에 이혼이 결정되었다. 노후에 가족과 함께 행복하게 살고 싶었던 꿈은 무너졌지만, 나는 그저 묵묵히 받아들였다. 모든 것이 내 잘못이라 생각하며 아내와 자식들에게 부끄러운 마음뿐이다. 언젠가 다시 관계가 회복되길 바라며 하루하루를 살아간다.

절망을 넘어, 다시 희망의 바다로

2024년 12월, 다시 구세군 자선냄비 봉사에 참여했다. 요란한 징글벨 소리는 없었지만, 하나님의 사랑이 세상 곳곳에 울려 퍼지는 듯했다. 기부자들에게 "감사합니다"라고 인사할 때마다 진정한 이웃의 따뜻함이 느껴졌다. 봉사를 마치며 나도 냄비에 5천 원을 넣었다. 비록 작은 금액이었지만, 그 순간만큼은 다시 '정상인'이 된 듯한 기분이었다.

2025년 4월부터 6월까지는 양평쉼터 인문학 프로그램에서 스마트폰 사진 촬영과 편집을 배우며 많은 것을 익혔다. 출품한 작품들은 현재 쉼터 본관 1층에 전시 중이다. 또 7월부터는 서울시립대학교 인문대학의 '2025년 서울시 희망의 인문학 행복과정'에 참여해 인문·철학·체육·야외활동·합창 등 다양한 프로그램을 통해 새로운 삶의 에너지를 얻었다.

그 과정에서 '나를 상징하는 사진'을 고르는 과제가 있었다. 나는 넓은 바다 위, 작은 병 속에 돛을 펼친 배가 갇혀 있는 사진을 선택했다. 드넓은 바다로 나아가지 못하고 병 속에 갇혀 있는 모습이 바로 지금의 '나'를 닮아 있었기 때문이다. 그러나 '절망을 넘어 삶으로'라는 특강 제목처럼, 병이라는 한계를 깨뜨릴 수 있다면 새로운 항해가 시작될 것이다.

양평쉼터 강당에는 '2025 구세군 군국 표어 - 삶으로 증언하라(행1:8)'라는 문구가 걸려 있다. 절망을 넘어 새로운 삶으로 나아가는 나의 길과 너무도 닮은 말이다. 과거 위급한 순간 나를 구해준 곳, 현재 나에게 잠자리와 식사, 일자리, 의료 지원을 제공해 주는 곳, 그리고 다시 꿈을 꾸게 해 준 곳. 그 모든 것이 바로 양평쉼터이다.

원장님과 친절한 직원분들께 진심으로 감사드린다. 올해 크리스마스에도 나는 구세군 자선냄비 봉사를 할 것이다. 누군가의 작은 기부가 또 다른 사람의 희망이 되기를 바라며, 나 또한 더 나은 삶을 위해 노력할 것이다. 양평쉼터에서 재정적 지원과 인문학적 격려를 받으며, '노숙인'이 아닌 당당한 인간으로 다시 서는 삶을 살아가길, 그리고 나와 같은 이들이 더 많아지길 진심으로 바란다.

※ 이 글은 노숙인 희망&행복수기 공모전에서 우수상을 수상했다.

내 삶에 찾아온 새로운 시작

김인성(가명) 서울특별시립은평의마을

절망의 거리에서 만난 은평의마을

1998년, 저는 어려운 형편 탓에 일자리를 구하기 위해 이곳 저곳을 헤매며 하루하루를 보냈습니다. 하지만 저에게 맞는 직업을 찾지 못했고, 사람들이 많이 모여 있어 일자리를 빨리 구할 수 있다는 말에 무작정 서울역으로 가게 되었습니다.

희망을 품고 갔지만, 기대와 달리 일자리는 구해지지 않았습니다. 저는 제 자신을 자책하고 세상을 탓하며 정처 없이 배회했습니다. 미래에 대한 희망은커녕 내일을 살아야 할 이유조차 희미했습니다. '내가 세상에서 사라져도 아무도 기억하지 않겠지'라는 생각에 사무쳐, 철저한 외로움 속에서 하루하루를 간신히 견뎠습니다.

서울역 인근을 떠돌며 절망과 허무함 속에 허송세월을 보내던 중, 우연히 '은평의마을'이라는 곳을 알게 되었습니다. 지친 몸과 마음을 달래고 안정을 찾기 위해 그곳에 입소했습니다. 그때만 해도 그 첫걸음이 제 인생의 이토록 큰 전환점이 될 줄은 상상조차 하지 못했습니다.

처음 입소 후에는 단체 생활이 낯설고 어려워 퇴소하거나, 일자리를 구하겠다며 다시 나가기도 했습니다. 그럴 때마다 밖에서 혼자 마음을 다잡아보려 애썼지만, 뜻대로 되지 않았습니다. 혼자 지낼 때면 오히려 은평의마을이 생각났고, 함께 살던 그곳에 대한 그리움으로 재입소를 반복하게 되었습니다.

따뜻한 눈빛이 녹인 마음의 얼음

은평의마을에서 생활하며 처음에는 어쩔 수 없이 구세군 영성 프로그램에 참여했습니다. 그때는 그저 낯선 사람들과 함께 앉아 기도하고 말씀을 듣는 행위에만 집중했습니다. 하지만 예배에서 만나는 분들은 달랐습니다. 제 과거가 어땠는지, 제가 어떤 사람인지는 중요하지 않았습니다. 그저 현재 함께 있는 저에게 따뜻한 손길과 말씀, 그리고 따뜻한 눈길을 건네며 조용히 기도해 주었습니다.

그 따뜻함 속에서 저는 점점 '공동체'라는 것을 느끼게 되었습니다. 매주 예배에 참석하면서 신앙은 자연스럽게 제 일상에 스며들었고, 무겁고 외로웠던 마음의 짐을 하나님께 하나씩 내려놓게 되었습니다. 예배가 끝나면 알 수 없는 먹먹함과 새로운 편안함이 공존했습니다.

"이곳에서 사람들과 오래 함께 살고 싶다."

하루하루 버티는 것에 급급했던 저에게 그런 생각이 든 것은 기적이었습니다. 처음에는 아무 생각 없이 따라 부르던 찬송가가 어느새 삶의 원동력이 되었고, 옆에서 함께 기도하는 동료들이 형제가 되었습니다. 인생의 중심이 '나 혼자'에서 '우리 함께'로 바뀌면서 잃어버렸던 자존감을 되찾았고, 웃음을 되찾았습니다.

받은 사랑을 나누는 '하늘 배웅'

하나님께 받은 은혜를 어떻게 하면 다른 사람들에게 돌려줄 수 있을지 고민했습니다. 입소 전 요식업에서 일했던 경험을 살려 주방 일을 시작했습니다. 예전처럼 나 혼자만의 이익을 위해 일하는 것이 아니라, 다른 사람에게 베풀 수 있는 일을 하고 싶었습니다. 그렇게 저는 매일 아침, 점심, 저녁 동료들을 위해 따뜻한 한 끼를 전하는 배식 봉사를 결심하게 되었습니다. 더운 날이나 추운 날이나 꾸준히 일하며 누군가에게 도움을 줄 수 있다는 사실에 저는 큰 기쁨을 느낍니다.

은평의마을에는 혼자만의 내일보다 함께하는 내일을 꿈꾸는 가족들이 많습니다. 하지만 가족처럼 지내던 분들이 갑작스럽게 위독해지거나 세상을 떠나는 일도 많습니다. 오랜 세월 이곳에 지내며 많은 분을 떠나보냈습니다.

저는 하나님의 가르침대로, 그분들이 하나님 품으로 돌아가는 마지막 여정을 외롭지 않게 지켜드리고 싶었습니다. 그래서 시작한 것이 '하늘 배웅 봉사'입니다. 고인이 가시는 마지막 순간까지 함께하며, 많은 분과 함께 그 길을 배웅하고 있습니다.

저는 지금 배식 봉사, 하늘 배웅 봉사, 그리고 주일 예배를 꾸준히 드리며 그 어느 때보다 바쁘지만 감사한 나날을 보내고 있습니다. 예전 같았으면 "내가 굳이 이걸 왜 해?"라고 생각했을 일들이, 이제는 "누군가에게 힘이 된다면 언제든지 나서야지"라는 마음으로 바뀌었습니다.

가끔 제 자신이 이렇게 변했다는 사실에 놀라곤 합니다. 그럴 때마다 처음 저를 향해 웃어주었던 사람들의 따뜻한 눈길을 떠올립니다. 그 작은 순간들이 모여 제 인생을 바꾸었습니다. 여전히 부족하고 흔들릴 때도 있지만, 이제는 저를 잡아주는 중심이 있기에 다시 일어설 힘을 얻습니다. 세상이 말하는 성공이 아닌, 하나님이 주신 사랑으로 다른 이들에게 따뜻한 변화를 전하며 살아가겠습니다.

※ 이 글은 노숙인 희망&행복수기 공모전에서 장려상을 수상했다.

혼자가 아니라는 걸 알게 되었습니다

백지성(가명) 서울특별시립은평의마을

방황의 끝에서 만난 따뜻한 기다림

지금은 제 힘으로 살아가고 있지만, 이 자리에 오기까지 많은 시간 방황했고 삶의 의미를 잃어가던 시기도 있었습니다. 거리에서 지낸 날들도 있었고, 그 속에서 사람들과의 관계도, 나 자신에 대한 믿음도 놓쳐버린 채 살았습니다. 차가운 시멘트 바닥보다 더 견디기 힘들었던 것은, 세상에 나 혼자라는 깊은 고립감이었습니다.

그런 저에게 '은평의마을'은 다시 일어설 수 있는 기회를 주었습니다. 처음엔 그저 머물 수 있는 공간이 필요했지만, 이곳에서 저는 단순히 몸만 쉬는 것이 아니라 마음까지 회복할 수 있었습니다. 저를 향한 따뜻한 시선, 정직하게 마주해 주는 태도, 무언가를 억지로 시키기보다 제 마음의 준비를 기다려 주는 모습들에서 저는 진심을 느낄 수 있었습니다. 재촉하지 않는 그 기다림 덕분에, 저는 조급함을 내려놓고 지난날을 차분히 돌아볼 용기를 낼 수 있었습니다.

그 따뜻한 손길을 받으며 제 안에서도 다시 살아보고 싶다는 마음이 생겼습니다. '나도 다시 살아갈 수 있을까?'라는 질문을 품고 외부 취업에 도전하게 되었고, 낯선 환경에서도 맡은 일에 책임감을 가지고 성실히 일했습니다.

쉽지 않은 순간들도 있었지만, 흔들릴 때마다 처음 저를 맞아준 그 진심 어린 태도를 떠올리며 버틸 수 있었습니다. 땀 흘려 일하고 돌아오는 길, 비로소 내가 사회의 일원이 되어가고 있다는 안도감이 들었습니다. 그렇게 하루하루 쌓여 간 작은 성취들이 결국 저 자신을 믿게 만들어 주었습니다.

2025년 2월부터는 지원주택에 입주하여 자립 생활을 시작하게 되었습니다. 나만의 열쇠로 문을 열고 들어섰을 때의 그

낯설면서도 설레던 공기는 제 인생의 새로운 챕터가 시작되었음을 알리는 신호였습니다. 혼자 사는 것이 처음이라 모든 게 서툴렀지만, 은평의마을 실무자분들이 정기적으로 찾아와 상담해 주시고 필요한 부분을 함께 점검해 주시면서 큰 힘이 되어주셨습니다. 도움을 받는다는 것이 부끄러운 일이 아니라, 함께 살아가는 자연스러운 일이란 걸 다시 느낄 수 있었습니다.

홀로서기, 그러나 혼자가 아닌 삶

이제는 제 공간에서 제 삶을 계획하고 스스로를 돌보며 살고 있습니다. 아직 완전하진 않지만, 하루하루 조금씩 나아지고 있다는 것을 느낍니다. 그리고 그 모든 변화의 시작점에는 어려운 이웃을 향해 먼저 다가가 주는 구세군의 따뜻한 실천이 있었습니다.

'마음은 하나님께, 손길은 이웃에게'라는 말처럼, 구세군은 저에게 조건 없이 다가와 손을 내밀어 주었습니다. 사랑과 존중, 그리고 함께 걸어가는 마음이 어떤 사람을 다시 일으켜 세울 수 있는지를 제 삶이 증명하고 있다고 생각합니다.

이 수기를 읽는 누군가에게도 제가 받은 응원의 마음이 전해지길 바랍니다. 삶은 언제든 다시 시작할 수 있습니다. 누군가가 당신을 기다려 주고, 함께 걸어줄 수 있다면 말입니다. 저 역시 그 믿음을 따라, 앞으로도 주어진 하루를 소중히 여기며 스스로의 삶을 책임지며 살아가고 싶습니다. 감사합니다.

※ 이 글은 노숙인 희망&행복수기 공모전에서 장려상을 수상했다.

03

땀방울 속에 맺힌 희망

자립과 도전

땀방울 속에 맺힌 희망

다시 일어선다는 것은 말처럼 쉬운 일이 아니었다.
무너져버린 몸을 추스르고, 세상의 차가운 편견과 맞서며,
무엇보다 내 안 깊이 뿌리내린 패배감과 싸워야 했다.
하지만 우리는 포기하지 않았다.

공공근로 현장에서 흘린 구슬땀,
빚을 갚기 위해 한 푼 두 푼 모은 꼬깃꼬깃한 돈,
늦깎이로 도전해 취득한 자격증....
이 작은 성취들이 하나둘 모여 모래성 같던 우리를
단단한 바위처럼 만들었다.
노동은 고단했지만, 그 땀방울만큼은 정직했다.
내 힘으로 번 돈으로 밥을 먹고, 내 힘으로 월세를 내는 이 평범한 일상이
얼마나 눈물겹게 소중한지 이제는 안다.

3부는 땀방울로 꾹꾹 눌러 쓴 희망의 일지다.
비록 한 걸음, 한 걸음은 더디지만 결코 멈추지 않는
자립의 치열한 여정을 여기에 담는다.

다시 일어서기 위한 작은 걸음, 구세군이 내민 따뜻한 손

김경태 구세군호텔용품재활용사업센터

성실했던 삶이 한순간에 무너지다

저는 1982년 경기도 구리에서 태어났습니다. 어린 시절은 또래 아이들과 크게 다르지 않았지만, 제 마음속에 깊이 남은 아픔이 하나 있습니다. 1990년, 여덟 살이던 해에 부모님이 이혼하신 일입니다. 그 후 아버지와 떨어져 지내며 어머니, 외할머니, 외삼촌과 함께 성장했습니다. 어린 나이였지만 '아버지 없는 집'이라는 시선 속에서 마음이 위축되었던 기억이 납니다. 그래도 다행히 어머니와 외가 식구들의 사랑 덕분에 저는 꿋꿋하게 자랄 수 있었습니다.

2000년, 고등학교를 졸업한 후부터는 제 힘으로 생활을 꾸려야 했습니다. 책 대여점, 편의점, 노래방 등에서 아르바이트를 하며 생활비를 마련했습니다. 이후 서울대학교병원 약제부에서 계약직으로 근무하고, 방송통신대학교에 진학하여 공부를 이어가며 행정실 계약직으로 일했습니다. 부족하지만 성실히 일한 덕분에 적금을 들고 소액 주식 투자에도 도전하며 "나도 잘 살아갈 수 있구나" 하는 자신감을 얻었습니다.

하지만 어느 순간 제 삶은 크게 흔들리기 시작했습니다. 주식과 코인 투자로 적지 않은 수익을 얻으면서 욕심이 생겼고, 2016년 무리한 투자와 잘못된 판단으로 그동안 모은 돈을 한 순간에 잃고 말았습니다. 눈앞이 캄캄했습니다. '다시 시작하면 되지'라고 스스로를 다독였지만, 그때부터 인생은 걷잡을 수 없는 내리막길로 접어들었습니다.

2017년부터는 부동산 대출과 캐피털 대출에까지 손을 대기 시작했습니다. 처음엔 '조금만 빌리면 갚을 수 있겠지'라고 생각했지만, 현실은 달랐습니다. 빚은 눈덩이처럼 불어났고, 결국 2020년에는 집이 압류당했습니다. 가족들에게 제 투자 실패와 빚 사실이 알려질까 두려웠고, 실망과 분노의 시선을 감당할 자신이 없었습니다. 방황이 시작되었고 삶의 의욕마저 잃었습니다.

2022년 이후에는 일용직을 전전하며 겨우 생계를 유지했습니다. 하루 벌어 하루 먹고 사는 불안한 생활이 이어졌고, 2023년에는 더 이상 대출을 감당할 수 없어 가족에게조차 돌아가지 못한 채 거리로 나앉게 되었습니다. 그렇게 1년 6개월 동안 거리에서 지냈습니다. 노숙의 현실은 상상 이상으로 가혹했습니다. 여름에는 숨이 막히는 더위 속에, 겨울에는 뼛속까지 스며드는 추위 속에서 몸을 웅크려야 했습니다. 사람들의 시선은 차갑기만 했고, 과거 성실히 일하며 꿈을 꾸던 제 모습과는 너무나 달랐습니다. 하루하루가 지옥 같았고, '이렇게 살다 죽겠구나' 하는 절망감에 사로잡혀 있었습니다.

따뜻한 손길로 다시 찾은 일상

그러던 2025년, 제 인생을 바꾼 만남이 찾아왔습니다. 거리에서 방황하던 저를 브릿지종합지원센터의 이흥태 선생님이 찾아주셨습니다. 선생님은 제 이야기를 묵묵히 들어주시고 다시 삶을 시작할 수 있는 길을 안내해 주셨습니다. 임시 주거를 제공받고, 신용회복 절차와 노숙인 공공일자리 사업을 소개받았습니다. 그날의 따뜻한 관심과 손길이 제 삶의 전환점이 되었습니다.

2025년 7월부터 저는 구세군 호텔용품재활용사업센터에서 노숙인 공공일자리로 근무하게 되었습니다. 처음 일을 시작했을 때는 체력도 약했고, 오랜 방황 끝에 무너진 생활 습관 때문에 적응이 쉽지 않았습니다. 물품을 나르는 일도 벅찼고, 간단한 서류 작성조차 어려웠습니다. 하지만 저처럼 힘든 시간을 겪었던 직원들이 하나하나 친절히 알려주었습니다. 함께 일하는 동료들은 늘 격려를 아끼지 않았고, 이완종 센터장님과 이지혜 실장님은 따뜻한 말로 늘 힘과 용기를 주셨습니다. 또 일과 생활 전반에 세심한 관심을 보여주시며 제가 사회의 일원으로 다시 적응할 수 있도록 도와주셨습니다.

일을 시작한 지 이제 두세 달밖에 되지 않았지만, 제 안에는 큰 변화가 생겼습니다. 무엇보다 "다시 일어설 수 있다"는 희망이 생겼습니다. 지금은 서대문 사랑방에서 지내며 매일 아

적금
자격증

침 운동으로 체력을 기르고, 가장 먼저 출근해 맡은 일을 성실히 하며 책임감을 되찾고 있습니다. 작은 금액이지만 어머니께 생활비를 보내드리며, 한때 실망만 드렸던 아들이 이제는 다시 조금씩 웃음을 드릴 수 있게 되었습니다.

빚을 갚으며 다시 꿈꾸는 내일

또한 신용회복위원회를 통해 빚을 조금씩 갚아 나가고 있습니다. 아직 갈 길은 멀지만, 한 걸음씩이라도 앞으로 나아가고 있다는 사실이 제게 큰 용기를 줍니다. 앞으로는 빚을 모두 정리하고 전세 자금을 모아 안정된 보금자리를 마련하는 것이 목표입니다. 더 나아가 사회 복귀를 위해 자격증 공부도 시작했습니다. 작지만 의미 있는 변화 속에서 저는 다시 꿈을 꾸고 있습니다.

돌아보면 제 인생은 수많은 굴곡과 실패로 가득했습니다. 하지만 분명한 것은, 누군가의 따뜻한 관심과 도움 덕분에 다시 일어설 수 있었다는 점입니다. 구세군을 통해 저는 삶의 새로운 기회를 얻었고, 다시 사회의 한 구성원으로 살아갈 희망을 붙잡았습니다.

저와 같은 길을 걷고 있는 분들께 말씀드리고 싶습니다. 포기하지 마세요. 그리고 도움의 손길을 두려워하지 마세요. 저 역시 한때는 절망 속에 쓰러져 있던 사람이었지만, 이제는 새로운 삶을 준비하는 사람으로 서 있습니다.

앞으로 저는 저와 같은 아픔을 겪는 이들에게 희망을 전하고 싶습니다. 제가 받은 사랑과 도움을 잊지 않고, 누군가에게 다시 손을 내밀 수 있는 사람이 되고자 합니다. 아직 제 삶은 진행형입니다. 그러나 한 가지는 확실히 말씀드릴 수 있습니다. 저는 다시 일어서고 있습니다. 그리고 이번에는 끝까지 포기하지 않을 것입니다.

※ 이 글은 노숙인 희망&행복수기 공모전에서 장려상을 수상했다.

행복은 포기하지 않을 때 온다

박증수 구세군서대문사랑방

고시원의 쪽방에서 드린 간절한 기도

서대문사랑방에 오기 전, 저는 오산의 한 고시원에서 라면으로 끼니를 때우며 지냈습니다. 공장 노동자로 근무하면서 쌓인 육체적인 피로와 인간관계의 갈등, 생활고가 겹치면서 결국 일을 그만두게 되었고 가족과의 연락도 끊겼습니다.

그러던 어느 날, 같은 고시원에 계시던 한 어르신이 돌아가신 채 며칠 만에 발견되는 일을 겪었습니다. 그 일은 제 인생의 전환점이었습니다. '나도 이렇게 홀로 죽을 수도 있겠구나.'

이런 생각이 들자 두려움과 슬픔이 밀려왔습니다. 그날 저는 이불을 뒤집어쓰고 많이 울었습니다. 그때 처음으로 간절히 기도드렸습니다. “하나님, 힘들 때만 찾는 저를 용서해 주세요. 이번 한 번만 살려주세요.”

며칠 후, 택배 상하차 일용직 일을 나갔다가 우연히 ‘노숙인센터’라는 곳을 알게 되었습니다. 서울역에 가면 도움을 받을 수 있다는 이야기를 듣고, 바로 짐을 싸서 서울로 올라왔습니다. 서울역 ‘다시서기 종합지원센터’를 거쳐 2024년 5월, 완전히 지쳐버린 몸과 마음을 이끌고 서대문사랑방의 문을 두드렸습니다.

따뜻한 밥 한 끼와 치유의 시간

처음 서대문사랑방에 와서 가장 행복했던 것은 ‘따뜻한 밥’을 먹을 수 있었다는 점이었습니다. 고시원에서는 비싸서 먹을 수 없던 고기 반찬과 다양한 반찬이 끼니마다 나왔고, 그 맛은 돈으로 살 수 없는 따뜻함이었습니다. 덕분에 무너졌던 몸과 마음이 조금씩 회복되었습니다.

날씨가 좋은 봄과 가을에는 서대문사랑방에서 진행하는 트래킹 프로그램에도 참여했습니다. 덕수궁, 청계천, 북촌 등을 걸으며 서울이라는 도시의 새로운 모습을 발견했습니다. 걷고 나서 함께 먹은 도가니탕과 냉면 한 그릇은 세상에서 가장 맛있는 음식이었습니다. 그날 함께 프로그램에 참여했던 복지사님, 생활인분들과 나눈 대화와 웃음은 제 마음의 병을 치유하는 약이 되었습니다.

덤으로 자신감을 얻은 저는 서울시 희망의 인문학 '희망과 정'에 참여해 서대문형무소와 절두산 순교성지를 방문했습니다. 유관순 열사, 이육사 시인 등 나라를 위해 헌신한 분들의 이야기를 들으며 "나는 사회를 위해 무엇을 하고 있는가?"라는 질문을 스스로에게 던졌습니다. 그 시간은 제 삶을 돌아보는 소중한 계기가 되었습니다.

또한 매주 일요일에는 구세군 사관님께서 서대문사랑방에 오셔서 채플 프로그램을 진행해 주십니다. 프로그램이 끝난 후 사관님과 사모님께서 나누어 주시는 간식도 감사하지만, 무엇보다 말씀을 통해 마음의 위로와 삶의 방향을 얻습니다.

강석진 사관님의 말씀 중에 “나는 나 자신을 예수 이름으로 축복한다.”라는 구절이 있습니다. 이 축복의 선서를 통해 저는 매번 제 자신을 다시 일으킵니다.

“나도 할 수 있다”는 믿음으로

2024년 7월에는 서울시 희망의 인문학 ‘꿈 이룸 과정’의 자격증 프로그램에 참여하여 운전면허 1종 보통을 취득했습니다. 그 순간, “나도 할 수 있다.”는 자신감이 생겼습니다.

취업 관련해서는, 처음 서대문사랑방에 왔을 때 브릿지종합지원센터에서 근무하는 반일제 일자리를 소개받았습니다. 비록 제 미숙함으로 인해 오래 적응하지는 못했지만, 포기하지 않고 제게 맞는 다른 일자리를 민간회사와 연계해 주셨습니다. 그 과정에서 교통카드도 지원받고, 늦은 저녁 식사를 챙겨주신 취사원 선생님과 “늘 열심히 하고 있다.”며 응원해 주시는 형님들 덕분에 꾸준히 직장을 다닐 수 있었습니다.

이후 다시 브릿지종합지원센터의 주방 전일제 일자리를 추천받아 근무하게 되었는데, 요리를 처음 배우는 저를 영양사

님과 간사님, 동료 근무자분들이 정성껏 가르쳐 주셨습니다. 함께 만든 고등어조림과 닭곰탕은 200인분을 6시간 넘게 끓여낸 음식이었는데, 그 어느 식당보다 맛있고 뿌듯했습니다. 그 일을 통해 저는 '누군가를 위해 무언가를 만든다'는 기쁨을 알게 되었습니다.

구세군 서대문사랑방에서 생활하면서 저는 정말 많은 것을 얻었습니다. 무너진 몸은 건강을 되찾았고, 닫혀 있던 마음은 다시 열렸습니다. 무엇보다 '나도 쓸모 있는 사람이다.'라는 믿음을 회복했습니다. 이제는 도움만 받는 사람이 아니라, 누군가에게 작은 희망을 전할 수 있는 사람이 되고 싶습니다. 서대문사랑방에서 받은 사랑과 믿음을 마음 깊이 새기며, 그 사랑을 다시 나누는 삶을 살겠습니다.

행복은 멀리 있지 않았습니다. 포기하지 않을 때, 감사할 줄 알 때, 그리고 함께할 때 행복은 우리 곁으로 찾아옵니다. 감사합니다.

※ 이 글은 노숙인 희망&행복수기 공모전에서 장려상을 수상했다.

희망인생,
다시 피어난 꽃

박영기 구세군서대문사랑방

어둠 속에서 만난 빛, 그리고 나의 정체성

저의 가족으로는 아버지, 어머니, 그리고 두 명의 남동생이 있습니다. 한때 저에게도 평범한 일상이 있었습니다. 그러나 부모님의 계속된 가정불화는 어린 저에게 큰 상처를 남겼고, 결국 27살의 나이에 집을 떠나는 선택을 하게 만들었습니다. 정처 없이 떠돌던 저는 거리의 노숙인이 되었고, 세상의 시선과 고독 속에서 하루하루를 힘겹게 버텨냈습니다.

구세군
구세군
서대문사랑방
복지카드

2023년 10월 27일, 제 삶에 한 줄기 빛이 스며든 날입니다. 구세군 서대문사랑방 노숙인 자활시설에 입소하게 되면서, 저는 비로소 차가운 거리에서 벗어나 따뜻하고 안전한 쉼터를 얻었습니다. 그곳은 단순한 잠자리가 아니라, 다시 살아갈 용기와 희망을 불어넣어 준 '제2의 집'이었습니다.

시설에 들어와 가장 먼저 저를 일깨운 것은, 잊고 살았던 저의 '정체성'이었습니다. 사실 저는 지적장애 2급을 가지고 있습니다. 17살 때, 말이 어눌하다는 고모의 권유로 병원을 찾았고, 2017년 11월 6일에 복지카드를 발급받았습니다. 그 사실이 때로는 부끄럽고 불편했지만, 시설 선생님들은 이 장애가 제가 자립하는 데 큰 걸림돌이 되지 않는다고 말씀해 주셨습니다. 오히려 이 복지카드가 저에게 맞는 길을 찾을 수 있는 '열쇠'가 될 수 있다고 용기를 주셨습니다.

세상 밖으로 당당히 내디딘 첫발

2024년 8월경, 저는 제2의 인생을 준비하기 위해 고용공단 서울지역본부를 방문했습니다. 시설 선생님의 도움으로 '국민 취업지원제도' 상담을 받게 되었고, 장애인 복지카드가 있다는 사실을 말씀드렸습니다. 덕분에 '장애인 취업성공패키지' 전형으로 지원할 수 있었고, 맞춤형 직업훈련과 상담을 통해 세상에 다시 나설 용기와 자신감을 되찾을 수 있었습니다.

그리고 마침내 2024년 10월 14일, 저는 당당히 취업에 성공했습니다. 비록 남들이 보기에는 작은 일일지 모르지만, 저에게는 세상을 향한 첫걸음이었습니다. 매일 아침 시설을 나서 일터로 향할 때면, '나도 할 수 있다'는 자신감이 마음속 깊이 솟아납니다.

진정한 자립을 향한 약속

취업을 통해 자립의 기초를 다진 지금, 저에게는 새로운 목표가 생겼습니다. 그것은 바로 시설을 만기 퇴소한 후 임대주택을 신청하여 지역사회로 완전히 복귀하는 것입니다. 시설에서 노숙인 자활 및 주거 지원에 대한 정보를 접하면서, 지적장애 2급인 제가 소득 및 자산 기준을 충족하면 임대주택을 지원받을 수 있다는 희망을 보았습니다.

안정된 주거 공간은 저에게 단순한 집 이상의 의미입니다. 꾸준히 간질 관련 약을 복용하며 건강을 관리하고, 직장에서 성실하게 일하며 지역사회의 한 구성원으로 살아가겠다는 저의 의지를 실현시켜 줄 든든한 기반이 될 것입니다. 앞으로 임대주택에 입주하게 되면, 저축한 돈으로 보증금을 납부하고 매달 받는 적은 월급으로 스스로 생활비를 관리하며, 틈틈이 가족에게 안부를 전하고 싶습니다. 이제는 건강한 사회인으로서 제 자리를 찾았다는 것을 보여드리고자 합니다.

구세군 서대문사랑방과 시설 선생님들께 진심으로 감사드립니다. 저에게 두 번째 삶의 기회를 주셨고, 절망 속에 있던 저를 다시 일으켜 주셨습니다. 저의 장애를 숨겨야 할 것이 아닌, 오히려 저에게 맞는 삶을 찾을 수 있게 해주는 디딤돌로 만들어 주셨습니다. 또한 서울시 인문학 수업을 들으며 나 스스로를 돌아보는 시간이 되면서 자신감도 얻게 되었습니다.

앞으로 저 박영기는 이렇게 결심합니다.

첫째, 꾸준한 약 복용과 정기검진으로 건강을 지키며,

둘째, 맡은 직장에서 성실히 일하여 자립의 기반을 굳건히 하고,

셋째, 만기 퇴소 후 임대주택에 입주하여 지역사회에 당당히 자리 잡을 것입니다.

저의 행복 수기는 여기서 끝이 아닙니다. 이 글은 노숙인의 삶에서 자립한 한 사람의 '성공기'로 이어질 것입니다. 힘들었던 과거를 딛고 희망을 엮어 미래를 만들어 갈 저의 '두 번째 인생'을 응원해 주십시오.

※ 이 글은 노숙인 희망&행복수기 공모전에서 장려상을 수상했다.

오늘도 견디며,
내일을 향해

정원일(가명) 서울특별시립브릿지종합지원센터

무너진 삶, 그리고 찾아온 병마

2001년, 나의 삶은 한순간에 무너져 내렸다. 부모님께서 잇따라 세상을 떠나시고, 그 슬픔이 채 가시기도 전에 어찌 된 일인지 형제들과의 연락마저 끊어지고 말았다. 끈끈했던 가족의 끈이 풀려버린 그 순간, 나는 세상에 홀로 남겨진 듯한 깊은 상실감에 빠졌다.

한 가정의 장남이자 형으로서, 집안의 대소사에 무관심했던 지난날들이 거대한 후회와 미안함으로 다가왔다. 나만 생각하며 살아왔던 이기적인 모습들, 그로 인해 가족에게 상처를 주었을지도 모른다는 죄책감이 무거운 짐이 되어 나의 어깨를 짓눌렀다. 모든 불행이 내가 잘못해서 벌어진 일인 것만 같아 그 고통스러운 마음의 굴레에서 벗어날 수 없었다. 그 미안함과 후회는 오랜 시간 동안 나를 옭아매는 족쇄가 되어 삶의 의욕마저 앗아갔다.

그렇게 홀로 된 나는 젊은 시절부터 해온 몸을 쓰는 일에 매달렸다. 땀 흘려 일하는 것만이 유일한 삶의 방식이었다. 인쇄소에서 굉음을 내며 돌아가는 윤전기를 밤낮으로 돌렸고, 주유소에서 기름을 가득 실은 탱크로리 운전도 했다. 무엇보다 나의 가장 오랜 직업은 이삿짐센터 일이었다. 10년이라는 긴 세월 동안 1톤, 2.5톤 트럭을 운전하며 무거운 짐을 옮기는 상하차 작업을 도맡았다. 남들이 쉴 때도 나는 짐을 나르고 계단을 오르내렸다.

하지만 고된 노동은 나의 몸을 망가뜨렸다. 끊어질 듯한 허리 통증은 이미 일상이었고, 걷는 것조차 힘들어진 어느 날 나는 결국 모든 일을 내려놓을 수밖에 없었다. 돈을 벌기 위해 몸을 혹사했지만, 결국 그 몸 때문에 모든 것을 잃은 셈이었다. 몸이 망가지자 마음도 함께 무너졌다. 혼자 지내는 외로움과 막막함에 제대로 된 식사도 챙기지 못하고 술로 하루하루를 버텨나갔다. 그러다 문득 몸에 이상을 느꼈고, 병원을 찾았을 때는 이미 폐결핵이 많이 진행된 상태였다.

폐결핵이라는 진단은 나에게 또 다른 절망이었다. 6개월간의 긴 병원 생활은 육체적 고통과 정신적 고독을 동시에 안겨주었다. 수많은 약을 복용하며 부작용으로 고생하는 날이 대부분이었고, 치료 과정은 고통의 연속이었다. 하지만 그보다 더 힘든 것은 '나'라는 존재가 세상에서 잊혀 가는 것만 같은 외로움이었다.

병원 생활을 마치고 퇴원한 후에도 나는 바로 세상으로 돌아갈 수 없었다. 서울역 인근에 위치한 결핵 환자 시설인 '미소꿈터'에서 6개월을 더 지내야 했다. 그곳에서 다른 환자들과 함께 생활하며 서로의 아픔을 나누고 격려하며 병을 완전히 이겨낼 수 있었다. 그렇게 건강을 되찾고 나니 눈앞은 더 캄캄했다. 병은 나았지만 돌아갈 집도, 기댈 가족도, 가진 돈도 없는 현실이 나를 절망의 늪으로 끌어당겼다.

막막한 현실 속에서 마주한 기회

서울역 주변을 서성일 때마다 나는 수많은 노숙인이 이용하는 시설들을 보았다. 그곳이 나에게 남은 마지막 희망일지도 모른다는 생각에 용기를 내어 시설을 찾았고, 그곳에서 생활하며 다시 일어서기 위한 노력을 시작했다.

시간이 흘러 서울노숙인일자리지원센터를 방문했고, 그곳의 담당자분과 마주 앉았다. "어떤 일을 하고 싶으세요?" 담당자의 따뜻한 질문에 나는 쉽사리 대답하지 못했다. 그동안 해왔던 모든 일은 몸을 쓰는 일이었기에, 이제는 허리가 아파서 할 수 없는 일들이 대부분이었다. 담당자는 나의 상황을 이해하며 여러 일자리를 알선해주었지만, 계속되는 면접의 실패와 몸 상태에 대한 불안감으로 취업의 문은 쉽게 열리지 않았다. 거듭되는 좌절감에 나는 점점 더 위축되고, '나는 아무것도 할 수 없는 사람'이라는 자괴감에 빠졌다.

취업은 안 되고 생활고는 나를 더욱 옥죄어왔다. 당장 돈이 필요해 쿠팡 물류센터에서 단기 아르바이트를 시작했다. 그러나 이삿짐센터에서 단련된 몸이었음에도 불구하고, 잠깐의 상하차 작업에도 허리는 극심한 통증을 호소했다. 결국 며칠 만에 일을 그만둘 수밖에 없었다.

내가 과연 이 세상에서 할 수 있는 일이 있을까? 자괴감과 무력감에 휩싸여 있을 무렵, 설상가상으로 코로나19 팬데믹까지 닥쳤다. 사회 전체가 멈춰 서는 듯했고, 얼어붙은 취업 시장 속에서 나에게 남은 희망은 거의 없다고 생각했다.

그러던 어느 날, 서울노숙인일자리지원센터에서 온 문자 한 통이 나의 인생을 바꾸어 놓았다. "제주도의 한 광어 양식장에서 숙식을 제공해 줄 사람을 찾습니다." "제주도라…." 과거에 친구가 제주도에 살며 바닷가에서 해루질을 했던 이야기를 들려주던 기억이 떠올랐다. 나는 문득 생각했다. 굳이 서울에 머물러야 할 이유가 있을까? 나에게 서울은 잃어버린 가족과 아픈 기억만이 가득한 곳이었다. 더 이상 과거의 아픔에 얽매이지 않고 새로운 삶을 시작하고 싶었다. 망설일 이유가 없었다.

나는 결연한 마음으로 제주행 비행기에 몸을 실었다. 새로운 시작을 알리는 비행기의 이륙 소리는 나의 심장 박동과 함께 요동쳤다. 더 이상 과거의 나와 마주하고 싶지 않았다.

파도 소리를 벗 삼아 다시 걷는 길

낯선 땅 제주에 도착했을 때, 나는 완전히 다른 공기를 느꼈다. 비행기에서 내려다본 푸른 바다와 섬의 모습은 친구의 이야기보다 훨씬 아름다웠다. 습하고 짠 바다 내음, 그리고 싱그러운 풀 내음이 코끝을 간지럽혔다.

내가 일하게 될 광어 양식장은 드넓은 바다와 맞닿아 있었고, 셀 수 없이 많은 광어가 힘차게 헤엄치고 있었다. 처음 해보는 일이라 서툴렀지만, 사장님과 직원들은 친절하게 일을 가르쳐주었다. 이른 아침부터 광어에게 먹이를 주고, 수조를 청소하고, 양식장을 관리하는 일은 고되었지만 마음만은 편안했다. 땀 흘려 일하는 만큼 몸은 정직하게 반응했고, 오랜 시간 나를 괴롭혔던 허리 통증도 예전만큼 심하지 않았다.

제주에서의 삶은 나에게 새로운 활력을 불어넣어 주었다. 해가 질 무렵 양식장 옆 방파제에 앉아 바다를 바라보는 것이 나의 유일한 낙이었다. 끝없이 밀려오는 파도 소리를 들으며 맥주 한 캔을 마시고 있노라면, 서울에서의 고단했던 삶이 마치 먼 꿈처럼 느껴졌다. 나는 더 이상 숨어 지내는 사람이 아

니었다. 땀 흘려 일하고 함께 밥을 먹는 동료들이 있었고, 고단한 몸을 뉘일 따뜻한 잠자리가 있었다. 그렇게 조금씩, 아주 조금씩, 잃어버렸던 나의 인생을 되찾아가고 있었다.

지난날을 돌아보면 아쉬움과 후회, 그리고 미안함이 가득하지만 이제는 그 감정들을 딛고 일어설 용기가 생겼다. 나는 이곳 제주에서 내일을 향해 다시 걷고 있다. 예전처럼 무거운 짐을 나르지는 않지만, 내 인생이라는 무거운 짐을 스스로 지고 힘차게 나아가고 있다.

언젠가는 홀로 남겨진 것이 아니라, 홀로 설 수 있게 된 것이라는 걸 깨달았다. 이 바다처럼 드넓은 마음으로 과거의 나를 용서하고, 새로운 나를 맞이할 것이다.

그렇게 나는, 오늘도 견디며, 내일을 향해 걷고 있다.

※ 이 글은 노숙인 희망&행복수기 공모전에서 장려상을 수상했다.

봄, 여름, 가을, 겨울
만물이 하나로 드러낸 증거처럼

서금숙 서울특별시립여성보호센터

막막했던 어둠 속에서 피어난 의지

제가 센터에 입소한 지도 벌써 3년이 되어갑니다. 처음 이곳에 발을 들였을 때, 저는 아무런 기반도 없었고 채무 문제까지 겹쳐 어떻게 살아가야 할지 매일 막막한 고민 속에 있었습니다. 하지만 절망과 불안 속에서도 '다시 사회로 나가 자립하고 싶다'는 강한 열망과 희망만은 놓지 않았습니다.

센터 생활 초기에 저는 채무 문제를 스스로 해결하기 위해 하루도 빠짐없이 '들국화 꿈터' 작업장에 나가 쇼핑백을 접는

들국화 꿈터

일을 시작했습니다. 크지 않은 수입이었지만 소중한 경제활동의 시작이었고, 매달 약속한 금액을 성실히 변제하며 약속을 지키기로 마음먹었습니다. 불확실한 미래가 두려울 때도 있었지만, 포기하지 않고 성실히 일한 결과 마침내 모든 채무를 해결할 수 있었고, 자립할 수 있다는 자신감을 얻게 되었습니다.

더 넓은 세상으로의 도전과 준비

새로운 도전의 계기는 여기서 끝나지 않았습니다. 채무를 모두 변제한 후, 사회복지사 선생님과의 상담을 통해 공공근로 제도를 알게 되었습니다. 저는 미래를 위해 안정적인 일자리가 급선무라고 판단하여 강남지역자활센터의 면접과 교육에 참여했습니다.

이후 청소업체 취업에 성공해 시니어센터에서 근무하게 되었으며, 생활비를 철저히 관리하고 저축과 청약통장 개설 등 앞으로의 독립을 위한 준비도 하나하나 실천했습니다. 또한 요양보호사 자격증 취득, 내일배움카드 활용, 그리고 LH 주거 지원 상담 역시 주도적으로 알아보며 실질적인 정보와 자격을 갖추기 위해 지속적으로 노력했습니다. 이제는 생활비를 꼼꼼히 기록하며, 휴대전화도 마련해 동료들과 활발히 소통하고, 유튜브로 예배를 드리는 등 일상에도 긍정적인 변화가 찾아왔습니다.

함께 나누는 기쁨, 그리고 감사

이 모든 변화와 성장은 혼자만의 힘으로 이룬 결과는 아닙니다. 센터의 다른 생활인들에게도 용기와 긍정적 에너지를 전할 수 있었으며, 저의 경험을 나누고 정보도 함께 공유했습니다. 저의 작은 실천과 변화가 누군가에게 희망의 씨앗이 된다는 사실에 큰 보람을 느낍니다. 특히 신앙생활을 통해 마음의 평안을 얻고 자신감을 회복했으며, 실패와 두려움으로부터 자유로워지는 성장의 순간을 맞이할 수 있었습니다.

항상 저를 격려해주신 센터 선생님들, 섬세하게 일상을 챙겨주신 생활지도원 선생님, 따뜻한 식사를 준비해주신 주방 선생님, 그리고 매일 기도하며 사랑으로 이끌어주신 원장님께 이 자리를 빌려 깊은 감사의 인사를 전합니다. 이 모든 분의 진심 어린 도움과 지원이 저에게 큰 힘이 되었습니다.

끝으로, 저는 자립을 위한 열정과 실천을 한순간도 놓치지 않으려 노력했습니다. 매 순간 주어진 조건에서 최선을 다하며 스스로의 성장을 이끌어왔습니다. 앞으로도 희망과 신앙을 바탕으로 더욱 단단한 마음과 성숙함을 갖춘 자립의 길을 꾸준히 걸어가겠습니다. 이 글을 읽으시는 모든 분도 저처럼 삶의 행복과 기쁨을 찾길 진심으로 바라며, 작은 변화도 포기하지 않는 용기를 마음에 새기시길 기원합니다.

※ 이 글은 노숙인 희망&행복수기 공모전에서 장려상을 수상했다.

책 속의 말·말·말

"행복은 멀리 있는 것이 아니라,

지금의 평범한 일상 속에 있다는 것을 깨달았다."

"내 안의 희망이 다시 피어나듯,

오늘도 나는 새로운 하루를 살아간다."

"따뜻한 손길 하나하나가

내 회복의 증거이고, 희망의 씨앗이다."

04

낮은 곳에 임한 빛

감사와 승화

낮은 곳에 임한 빛

가장 낮은 곳, 더 이상 내려갈 곳이 없는 바닥까지 닿아보고서야
비로소 보이는 빛이 있었다. 절망의 광야 한복판에서 만난
신앙은 우리를 이전과는 전혀 다른 새로운 존재로 빚어냈다.
"도대체 왜 나에게만 이런 고통을 주느냐"는 원망과 절규는
어느새 "나처럼 아픈 이들을 돕고 싶다"는 사명으로 바뀌었다.

이제 우리는 도움을 받는 자리에만 머물지 않는다.
받은 사랑을 조금이라도 흘려보내기 위해 봉사를 하고,
책을 읽으며 내면을 가꾸고, 노래를 부르며 다시 찾은 삶을 찬양한다.
고통은 완전히 사라진 것이 아니라, 아름다운 향기로 승화되었다.

4부는 어둠을 뚫고 피어난 감사의 고백들이다.
절망을 넘어 삶으로 증언하는 우리들의 이 투박한 이야기가,
당신의 마음에 닿아 또 하나의 따뜻한 빛이 되기를 소망한다.

광야에서 만난 은혜의 하나님

정홍조 서울특별시립돈의동쪽방상담소

잘나가던 사업가, 그리고 찾아온 시련

나는 한때 누구보다 잘나가던 사업가였다. 억 단위 공사를 따내며 사람들에게 인정받고, 어깨에 힘이 잔뜩 들어가 있던 시절이었다. 사람들은 내게 "넌 무슨 빽이 있길래 그렇게 잘나가냐?"라고 물었다. 나는 장난스럽게 "하나님 빽이지."라고 답하곤 했다. 하지만 그 말의 진짜 의미를 그때는 몰랐다.

그 무렵, 내가 맡은 현장에서 큰불이 났다. 보통 그런 사고가 나면 회사는 즉시 퇴출된다. 하지만 이상하게도 나는 아무

일 없이 다음 공사를 또 맡게 되었다. 사람들은 놀라워했지만, 나는 오히려 더 교만해졌다. 내 능력으로 된 일이라 믿었기 때문이다.

그러던 어느 날, 갑자기 몸이 아프기 시작했다. 머리가 깨질 듯이 아팠고, 몸을 가눌 수 없었다. 병원에서는 뚜렷한 원인을 찾지 못했다. 결국 건강검진을 받게 되었고, 의사의 입에서 충격적인 말이 나왔다.

"수술이 불가능한 암입니다. 회복이 어려울 것 같습니다."

그 말을 듣는 순간, 모든 게 멈췄다. 그동안 쌓아 올린 사업도, 자랑스럽던 이름도 아무 소용이 없었다. 나는 모든 것을 정리하고 조용히 내려놓았다. 하지만 막상 죽음을 앞두니 마음이 편치 않았다. 이대로는 하나님 앞에 설 수 없을 것 같았다.

기적 같은 치유, 그러나 계속된 연단

그날 이후 나는 금식하며 기도하기 시작했다. 성경을 붙잡고 밤낮으로 하나님을 찾았다. 그렇게 2년이 흘렀다. 그리고 어느 날, 이상하게 통증이 사라졌다. 몸이 가벼워지고, 머리가 맑아졌다. 병원에 가서 다시 검사를 받았다. 의사가 놀란 얼굴로 말했다.

"이상하네요, 암이 없습니다."

하나님이 나를 고쳐주신 것이다. 그 순간 나는 깨달았다. 내 인생은 내 것이 아니라 하나님의 것임을.

하지만 새로운 삶은 쉽지 않았다. 사업을 접고 하나님만 의지하며 살겠다고 결심했지만, 현실은 녹록지 않았다. 돈이 점점 줄고, 가족들의 생활도 어려워졌다. 아내와 자녀들의 고생을 보며 마음이 아팠다. 그러나 그때마다 하나님은 길을 내셨다. 누군가 쌀을 가져다주고, 어떤 이는 돈을 보내왔다. 형제와 친구, 그리고 알 수 없는 손길들이 나를 살렸다.

어느 해에는 아내가 자궁암 진단을 받았다. 절망적인 순간이었다. 그러나 그조차 하나님의 계획 안에 있었다. 아내가 몰래 들어두었던 보험금으로 수술비와 자녀 등록금까지 해결되었다. 그때 나는 다시 한번 깨달았다.

'하나님은 우리가 모를 뿐, 언제나 길을 예비하신다.'

쪽방촌, 나만의 광야에서 만난 하나님

그 후로 20년 동안 나는 돈을 벌지 않았다. 대신 믿음으로 살았다. 매일 성경을 읽으며 내 안의 교만과 욕심을 직면했다. 부끄럽고 부족한 나 자신을 바라보며, 하나님 앞에서 새로워지기 원했다. 어느 날 주님은 기도 중에 나에게 말씀하셨다.

"집을 팔라."

그 뜻을 알았을 때 솔직히 두려웠다. 집을 팔면 정말 거리로 나앉게 될 것 같았다. 하지만 기도 끝에 순종하기로 했다. 그렇게 모든 것을 정리하고, 나는 쪽방으로 향했다. 그때 하나님이 내게 말씀하셨다.

"이곳이 너의 광야다. 오직 나만 바라보라."

정말 그랬다. 돈의동 쪽방은 내 인생의 광야였다. 세상 눈에는 초라했지만, 하나님과 가장 가까워진 자리였다. 모든 인간적인 의지와 자랑이 사라지고, 오직 하나님만 바라볼 수 있는 곳.

처음에는 낯설고 막막했지만, 점차 알게 되었다. 이곳이 바로 하나님께서 내게 주신 회복의 자리라는 것을. 하나님은 내

교만을 깨뜨리시고, 겸손을 가르치셨다. 지금 나는 서울시 전일제 일자리로 근무하며, 돈의동 쪽방상담소에서 예배를 드리고 있다. 여전히 부족하고, 고쳐야 할 점도 많다. 하지만 매일 아침 이렇게 기도한다.

"하나님, 오늘은 어제보다 조금 더 나은 내가 되게 해주세요."

돌아보면, 내 인생에서 가장 큰 은혜는 '망한 것'이었다. 세상은 실패라 했지만, 하나님은 그걸 회복이라 부르셨다. 사업이 무너지고, 건강을 잃고, 모든 걸 내려놓았을 때 비로소 하나님이 내 인생의 주인이 되셨다.

이제 나는 교만한 사장이 아니라, 하나님의 사람으로 살고 싶다. 광야는 고통의 자리가 아니라, 하나님을 만나는 자리였다. 그분의 은혜로, 오늘도 나는 살아 있다.

※ 이 글은 노숙인 희망&행복수기 공모전에서 우수상을 수상했다.

바이올렛으로 피어나다

박미자 서울특별시립남대문쪽방상담소

닫힌 문을 열고 나온 세상

2024년 5월의 어느 날, 집 앞 의자에 앉아 무료한 시간을 보내고 있을 때였다. 어느 앳된 청년이 주민들의 이야기를 다 들어주고 또 미소로 일일이 대답해 주고 있었다. 그 모습이 참으로 아름답게 보였다. 얼마 후 안 일이지만 그 청년은 사회복지사였다.

며칠 뒤 그 사회복지사가 나에게 와서 책 모임을 해보지 않겠냐고 했다. 처음에는 가고 싶지 않았다. 나는 낯가림도 심하고 모르는 사람과 잘 어울리지 않아서 서먹서먹할 것 같았기 때문이다. 이 동네에 이사 온 후로 혼자 눈물만 흘리며 지내던 나였다. 그런 내가 다른 사람과 함께하는 모임을 할 수 있을까? 하지만 착한 소년 같은 사회복지사의 권유로 한번 참석해 보겠다고 마음을 먹었다. 나는 책을 좋아하는 사람이기도 했으니까.

첫째 날, 우리는 책을 읽고 소감을 말하고 서로 인사를 하며 그럭저럭 시간을 보냈다. 둘째 날에는 또 그렇게 만나 서서히 말문이 트이고 사람들과 얼굴을 익히며 더 깊이 소통할 수 있었다. 그렇게 둘째 날이 지나고 다음 모임이 계속되었다. 책 모임 안에서 우리는 별칭으로 불렸다. 나는 내가 제일 좋아하는 책 제목이자 꽃 이름인 '바이올렛'을 선택했다.

가슴에 핀 꽃, 민들레

기억에 남는 건 '민들레' 님이다. 민들레는 우리 옆 건물에 살던 나보다 어린 여성분이었다. 항상 술에 취한 모습만 보이던 분이었는데 책 모임에서 만난 민들레는 진중하고 아픈 사

민들레
바이올렛
강아지똥

연이 많은 사람이었다. 그날 우리가 함께 읽은 책은 권정생의 <강아지똥>이었다. 민들레는 책을 읽고 떠오른 슬픈 과거 이야기를 나누었다. 그도 나와 크게 다르지 않은 사람이라는 걸 알게 된 순간이었다. 내 안에 민들레를 위로하고 싶은 마음이 일었다. 낯을 많이 가리는 나였지만, 나도 이해할 수 없는 용기가 솟아났다. 조심스럽게 내 마음을 전했다.

"마음이 괴로울 때는 산에 가 봐요. 괴로운 마음이 싹 사라져요. 이제부터라도 중심 잡고 살면 되는 거예요. 지금도 늦지 않았어요. 우리 인생이 참 힘들었잖아요. 강아지똥처럼 밑바닥이잖아요. 그런데 그 똥이 결국 아름다운 꽃으로 피어날 거예요. 우리, 우리 인생에 자부심 품고 살아요."

그 후 다시는 민들레를 만날 수 없었다. 민들레가 하늘나라에 갔다는 소식을 건너건너 들었다. 한동안 거리에서 민들레를 보면 가슴이 아렸다. 깊이 대화를 나눈 건 그날 하루뿐이었지만 민들레는 내 가슴에 오랫동안 남았다.

소중한 인연, 그리고 싹트는 희망

가을에는 '저자와의 대화' 행사도 열었다. 책 모임에서 몇 달 동안 김중미 작가의 <괭이부리말 아이들>을 읽었다. 우리 마을과 꼭 닮은 이야기인지라 푹 빠져들며 읽었다. 이 책의 작가를 만나고 싶어졌고, 마을 사람들에게도 작가님을 소개하고 싶었다. 저자와의 대화를 준비한 건 그때부터였다. 책 모임 회원들과 작가님께 보낼 편지를 썼고, 마침내 마을에 작가님을 초대했다.

작가님은 미소가 아름답고 소박한 분이셨다. 마을 사람들과 스스럼없이 어울리셨는데 그 모습이 참 아름다웠다. 나는 작가님이 쓰신 책을 여러 권 읽었던 터라 내가 감명 깊게 기억한 문장들을 필사해서 보여드리기도 했다. 작가님은 필사한 문장을 보고 깜짝 놀라며 좋아하셨다. 먼 길 오신 작가님과 동네 이웃들을 위해 잔치국수를 끓여 대접했다. 이렇게 많은 사람을 대접한 건 처음이었다. 재료 준비부터 면 삶는 것까지 전부 우리 힘으로 했는데, 힘든 작업이었지만 한편으론 흐뭇했다. 내가 누군가에게 도움이 될 수 있어 기뻤다.

작가님이 우리를 인천의 작은 공부방으로 초대하셔서, 몇 주 후에 책 모임 회원들이랑 같이 공부방에 방문했다. 나는 그곳 2학년 아이들에게 그림책 한 권을 읽어줬다. 읽어준 책은 권정생의 <강아지똥>이었다. 어머니가 베트남 분이셔서 우리말이 서툴다는 아이도 있었는데, 그 아이에게 용기를 주고 싶었다. 공부도 제대로 못 한 할머니들도 이렇게 일 년 동안 책 읽었는데 아이들은 더 잘할 거라고 응원해 주고 왔다.

나는 지금도 2024년 그 푸르른 남산 숲속에서 함께 책 읽고 이야기 나누던 시절을 그리워한다. 함께 책 모임을 했지만, 더는 볼 수 없는 민들레와 별이 아빠도 여전히 내 가슴 속에 남아 있다. 은둔하며 살던 나를 집 밖으로 나와 대문을 열고 사회로 한 발짝 한 발짝 나오게 해 준 책 모임 식구들과 사회복지사에게 감사하다.

※ 이 글은 노숙인 희망&행복수기 공모전에서 장려상을 수상했다.

하나님이 이끄신 기적의 길, 나의 희망행복 인생

김종철 구세군서대문사랑방

하나님과의 첫 만남부터 지금까지, 단 한순간도 제 곁을 떠나지 않으시고 언제나 제 영혼과 육신을 지켜주신 하나님의 귀하신 말씀입니다.

> "내게 능력 주시는 자 안에서 내가 모든 것을 할 수 있느니라." (빌립보서 4:13)

이 말씀처럼, 제 인생은 하나님께서 주신 능력 안에서 다시 일어선 기적의 여정이었습니다. 이제부터 제 희망 인생 2막이 어떻게 시작되었는지 그 이야기를 들려드리고자 합니다.

절망의 끝에서 만난 빛

1970년대, 대부분의 사람들이 가난했던 시절이었지만 제 어린 시절은 유난히 더 어둡고 고통스러웠습니다. 술과 폭력, 도박에 빠져 살던 아버지의 모습은 어린 제게 '악마'처럼 무섭고 두려운 존재였습니다. 배고픔과 두려움 속에서도 하루하루의 삶이 지옥 같았지만, 가족 간의 사랑이 있었기에 겨우 버틸 수 있었습니다. 하지만 도무지 나아지지 않는 어려운 가정환경 탓에 대학 진학은 꿈도 꾸지 못했습니다.

겨우 고등학교를 졸업한 후, 20대의 청춘은 부산 변두리의 허름한 공장에서 저임금에 다치고 쓰러지며 일하는 것이 전부였습니다. 토요일, 일요일에도 쉬지 않고 일했지만, 집안 형편은 나아지지 않았습니다. 십여 년의 고생 끝에 가족의 도움으로 울산의 한 대기업에 취직했으나, 예기치 않게 노동운동에 휘말리며 구속과 해고, 수배 생활을 겪어야 했습니다.

7년 뒤 회사를 그만두었을 때, 가족은 저를 더 이상 받아주지 않았고 저는 홀로 세상 속을 떠돌기 시작했습니다. 밤이면 부산 용두산공원의 차가운 벤치에서 웅크린 채 잠들고, 새벽에는 분수대 물로 갈증을 달래며 하늘을 향해 울부짖었습니다.

“누구든 나 좀 도와주세요….”

그때의 저는 절망 속에서 술에 의지해 하루를 버티는, 벌레 같은 인생이었습니다. 혼자 감당하기엔 너무 무거운 짐들을 도저히 내려놓을 수 없는 시간들이 끝날 줄 모르고 계속되었습니다. 그렇게 십여 년을 넘는 오랜 세월 동안, 꿈도 희망도 없이 상처투성이로 살아갔습니다.

비가 추적추적 내리던 어느 날, ‘이제 그만 살자. 숨 쉬는 것조차 너무 아프다….’라는 생각이 들어 무의미한 삶을 끝내고자 높은 산을 다섯 시간 넘게 걸어 올랐습니다. 그 순간, 살면서 한 번도 본 적 없는 하얀 빛이 제 주변을 완전히 뒤덮었습니다. 그로부터 십여 년이 지난 지금도, 산꼭대기에서 동아줄을 목에 감으려던 바로 그 순간 제 몸을 에워싸던 그 하얀 빛을 잊을 수 없습니다.

그 빛은 지친 제 발걸음을 어딘가로 인도했습니다. 그곳이 바로 구세군 서대문사랑방이었습니다. 2015년 9월, 저는 구세군 서대문사랑방에 입소하며 희망과 행복의 인생 2막을 시작했습니다.

다시 일어서게 한 기적의 손길

직원분들의 따뜻한 돌봄 속에서 건강을 회복했습니다. 매일 따뜻한 밥과 푸짐한 반찬을 먹으며 쇠약했던 몸도 차츰 나아졌습니다. 찬송가도 모르고 기도하는 법도 몰랐던 저는 예배 시간마다 졸음을 참기 바빴지만, 매주 일요일 예배를 빠짐없이 드리며 점차 마음의 안정을 되찾아갔습니다.

그러나 시간이 지날수록 자꾸 눈물이 흘렀습니다. 행복하고 따뜻한 사랑방 생활이 고마워서였을까요? 아니면, 벌레만도 못한 죄인을 용서하고 회복시켜 주신 예수님이 제게 오셨기 때문이었을까요?

그때는 몰랐지만, 지금은 압니다. 그 눈물은 하나님의 사랑과 회복의 신호였다는 것을 말입니다. 구세군 서대문사랑방에서 제 두 번째 인생이 시작된 것은 다른 이유가 아닌, 하나님의 놀라운 사랑과 능력 때문이었습니다.

어느 날, 상처투성이의 몸과 병든 제 육신을 어루만지시며 하나님은 말씀하셨습니다.

"먼 길 혼자서 걸어오느라 고생했다. 이제 그만 울거라. 이제부터 너의 삶은 내가 책임질 테니, 그 서러운 눈물을 거두어라."

그 순간, 저는 하나님의 살아 계심을 믿을 수밖에 없었습니다. 첫 번째 기적은 술을 완전히 끊게 된 것이었습니다. 정확히 말하면, 제가 제 의지로 끊은 것이 아니라 하나님께서 제게 술을 마시지 못하게 하신 것입니다. 그 후 9년이 지난 지금까지 저는 술은커녕 술 냄새조차 맡을 수 없는 사람이 되었습니다.

하나님은 제 삶의 또 다른 결박이었던 채무 문제도 풀어주셨습니다. 30대 중반부터 저를 얽매었던 금융기관의 빚 문제를 하나님께서 해결해 주시기 시작했습니다. 처음엔 믿기지 않았습니다. '내가 그 많은 빚을 갚는다고? 에이, 아무리 하나님이라도 그건 힘드실 거야.'

그러나 하나님의 역사는 이미 시작되고 있었습니다. 당시 사무국장님의 권유로 신용회복위원회를 통해 회복 절차를 밟

았습니다. 4년 동안 포기하고 싶을 때도 많았습니다. '그냥 예전처럼 술이나 마시며 살자…'는 유혹이 수없이 찾아왔습니다. 그럴 때마다 하나님의 음성이 들렸습니다.

"할 수 있다. 내가 함께한다."

결국 하나님의 도우심과 사랑의 힘으로 4년 만에 신용불량의 어두운 터널에서 빠져나올 수 있었습니다. 그 믿음의 결과, 20년 만에 제 이름으로 된 주민등록증과 은행 통장, 그리고 스마트폰을 손에 쥐게 되었습니다. 이 모든 기적이 일어난 곳이 바로 구세군 서대문사랑방입니다.

감사로 채워가는 인생 2막

배고픔에 허덕이며 용두산공원 벤치에서 "단 하루만이라도 두 다리 쭉 펴고 자고 싶다"고 빌던 그 기도가 현실이 되었습니다. 지금은 서울 은평구의 아담하고 깨끗한 보금자리에서 좋으신 하나님의 사랑과 기적 속에 살아온 지 벌써 6년째입니다. 아침마다 눈을 뜰 때마다, '이게 꿈은 아닐까?' 하는 생각이 들 만큼 감사한 마음뿐입니다. 그리고 그 기적은 멈추지 않았습니다. 하나님의 사랑은 지금 이 순간에도 제 곁에 함께하고 계십니다.

요즘 저는 아주 행복한 일을 하나 하고 있습니다. 매주 토요일, 구세군 서대문사랑방 '꿈이있는교회'에서 PPT 사역으로 예배를 섬기고 있습니다. 벌써 3년이 넘도록 한 주도 빠짐없이 예배 준비를 도왔습니다. 집에서는 찬송가를 틀어놓고, 담임사관님께 받은 말씀을 한 글자 한 글자 PPT로 정리하며 성경공부에 몰입합니다. 그 시간이 제게는 세상의 어떤 것과도 바꿀 수 없는 가장 행복한 시간입니다. 이 또한 하나님께서 제게 주신 사명이라 믿습니다.

세상이 복잡하고 혼란스러워도, 저는 하나님을 찾고 부르짖습니다. 하나님께서 제게 주신 수많은 행복과 사랑 앞에 무릎 꿇고, 감사의 눈물을 흘리며 살아갑니다. 저는 오늘도, 내일도, 그리고 영원토록 구세군의 한 생명으로서 하나님과 만난 그 첫날의 눈물과 애절함을 잊지 않고, 순종의 믿음으로 하나님을 찾고 부르짖으며 살아갈 것입니다.

때때로 담임 사관님과 사모님께서 예배 때 손수 만들어주신 예쁜 과자를 받을 때면, "아, 하나님께서 구세군과 늘 함께 하시는구나." 하는 것을 느낍니다.

나 같은 죄인 살리신 하나님의 은혜에 감사와 찬양을 드리며 이 글을 마칩니다. 아멘.

※ 이 글은 노숙인 희망&행복수기 공모전에서 우수상을 수상했다.

꿈터교회에서의 새로운 삶과 신앙

오금자 서울특별시립여성보호센터

추억의 온기, 그리고 뜨거웠던 젊은 날의 열정

제가 처음 교회에 나가게 된 것은 여섯 살 무렵이었습니다. 피난 시절, 교회 옆에 살게 된 것이 계기가 되었는데 어린 저에게 그곳은 낯설지만 동시에 새로운 세상이었습니다. 매주 사람들이 모여 노래하고 웃으며 교제하는 모습은 제 눈에 신기하고 즐거운 풍경으로 다가왔습니다. 좁은 골목길을 달려가면 언제나 환한 얼굴로 맞아주는 친구들이 있었고, 그들과 함께 부르는 노랫소리는 제 어린 마음을 설레게 했습니다.

특히 크리스마스가 다가오면 동네 아이들과 함께 캐럴을 부르며 동네를 돌아다니던 기억은 지금도 선명합니다. 낡은 구두를 신고 차가운 바람을 맞으며 집집마다 돌아다녔지만, 아이들의 목소리에는 추위보다 더 뜨거운 열정과 기쁨이 담겨 있었습니다. 사람들은 우리의 노래를 반갑게 들어주었고, 어떤 분들은 웃으며 따뜻한 간식이나 작은 선물을 내어주셨습니다. 어린 저는 그 작은 선물 하나에도 마음이 벅찼고, 칭찬을 들을 때마다 한없이 기뻤습니다. 그 시절 교회는 단순히 예배를 드리는 장소가 아니라, 어린아이였던 제게 따뜻함과 즐거움이 가득한 삶의 공간이었습니다.

청소년이 되면서 저는 여러 교회를 옮겨 다니며 생활했습니다. 가는 교회마다 새로운 사람들을 만났고, 그 속에서 다양한 역할을 맡았습니다. 때로는 학생회장을 맡아 친구들을 이끌기도 하고, 성가대에 들어가 노래를 부르며 예배를 준비하기도 했습니다. 이런 경험들은 저에게 책임감을 가르쳐 주었고, 공동체 안에서 협력하며 살아가는 법을 익히게 했습니다.

물론 항상 순탄하지만은 않았습니다. 이상과 현실이 맞지 않는 순간들이 있었고, 믿었던 사람에게 실망하기도 했습니다. 청소년기의 저에게 그런 경험들은 때로는 큰 상처가 되었습니다. 그러나 그럴 때마다 다시 마음을 다잡고, 제 나름대로 공동체 속에서 자리를 찾아가려 노력했습니다. 결과적으로 그 시절의 경험들은 훗날 사회생활을 하며 사람들과 관계를 맺을 때 큰 힘이 되어 주었습니다.

돌이켜보면 제 삶에서 가장 보람 있었던 일 중 하나는, 제가 교사로 일하던 시절 공부할 기회조차 없는 아이들을 위해 작은 학교를 세웠던 경험입니다. 당시 거리에는 껌과 신문을 팔며 구두 닦는 아이들이 많았습니다. 그들은 가난 때문에 학교에 갈 수조차 없었고, 어릴 적부터 생계를 책임져야 했습니다. 저는 그 아이들을 보며 마음이 아팠습니다.

그래서 '신생중학교'라는 이름으로 작은 학교를 시작했습니다. 학교라고 하기에는 너무 초라했고, 사실은 작은 사무실 하나를 빌려 마련한 공간이었습니다. 허름한 책상 몇 개와 낡은 칠판 하나가 전부였지만, 그곳은 아이들에게 배움의 희망을 심어주는 소중한 공간이었습니다. 저는 아이들에게 글을 가르쳤고, 검정고시를 준비하게 도와주었습니다. 몇몇 아이들은 결국 일반 고등학교에 진학할 수 있었고, 그 모습을 보며 저는 이루 말할 수 없는 보람과 기쁨을 느꼈습니다. 그 시절의 저는 젊었고, 열정으로 가득 차 있었습니다. 물질적으로는 부족했지만, 아이들과 함께 책을 펴고 웃던 순간들은 제 인생에서 가장 빛나는 시간이었습니다. 지금도 그 시절을 떠올리면, 제 안에 다시금 뜨거운 열정이 피어나는 것을 느낍니다.

시련 속에서 피어난 기도

성인이 된 후 저는 결혼을 하고 가정을 이루었습니다. 결혼 후 가장 큰 사건은 아들을 출산한 일이었습니다. 그러나 그 과정은 평탄하지 않았습니다. 임신 7개월 만에 갑작스럽게 진통이 찾아왔고, 결국 저는 제왕절개 수술을 통해 아이를 낳아야 했습니다.

아이는 미숙아로 태어나 석 달 동안 인큐베이터 안에서 지내야 했습니다. 갓난아기의 작은 몸이 기계 속에 놓여 있는 모습을 지켜보는 일은 부모로서 너무나 힘들었습니다. 하루하루가 불안했고, 아이의 숨소리 하나에도 제 마음은 요동쳤습니다. 아침에 눈을 뜰 때마다 혹시 무슨 일이 있지 않았을까 두려웠고, 병원으로 발걸음을 옮길 때마다 가슴이 철렁 내려앉았습니다.

그래도 감사했던 것은 그 당시 제가 다녔던 교회의 목사님께서 하루도 빠짐없이 새벽 5시에 병원에 오셔서 저희 아이를 위해 100일 동안 기도를 해주신 일이었습니다. 그 시기는 제 인생에서 신앙적으로도 가장 힘든 시기였으나, 목사님과 주변 사람들의 기도 덕분에 버틸 수 있었습니다. 다행히 아이는 건강을 되찾아 퇴원하였고, 저는 세상에서 가장 큰 기쁨을 맛보았습니다. 그러나 기쁨 뒤에는 아픔도 있었습니다. 의사가 더 이상 아이를 가질 수 없다고 말했을 때, 저는 눈물을 흘릴 수밖에 없었습니다.

세월이 흘러 저는 결국 한국을 떠나 일본으로 가게 되었습니다. 개인적인 문제로 인해, 그리고 가족을 위해 제가 스스로 떠나는 결정을 내렸습니다. 당시 다섯 살이던 어린 아들을 뒤에 두고 일본으로 향할 때, 제 가슴은 찢어지는 듯 아팠습니다. 공항에서 마지막으로 아이의 얼굴을 떠올리며 수없이 울었고, 일본 땅에 발을 디딘 후에도 매일같이 눈물이 흘렀습니다.

일본에서 살아남기 위해 저는 식당을 운영하며 바쁘게 생활했습니다. 언어도 통하지 않고 문화도 달랐지만, 하루하루를 버티며 자리를 잡기 위해 애썼습니다. 그 과정에서 따뜻하고 배려 깊은 일본인 남편을 만나 함께 가정을 꾸리게 되었습니다. 그의 사랑은 낯선 땅에서 지친 제게 큰 위로가 되었고, 저는 다시 삶의 의미를 붙잡을 수 있었습니다. 그러나 타지 생활은 결코 쉽지 않았습니다. 언어 장벽은 늘 저를 답답하게 만들었고, 문화의 차이는 종종 저를 외롭게 했습니다. 그럼에도 불구하고 저는 성실히 일했고, 새로운 가정을 지켜내기 위해 애썼습니다.

다시 찾은 고국, 새로운 보금자리에서의 감사

한국으로 돌아왔을 때, 저는 모든 것이 낯설게 느껴졌습니다. 오랜 세월 외국에서 살다가 돌아오니 의지할 곳도, 제대로 된 생활 터전도 없었습니다. 하루하루 막막했고, 어디서부터 다시 시작해야 할지 알 수 없었습니다. 그러나 한국에 와서도 도움의 손길은 계속되었습니다. '살림연합' 측에서 제가 한국에서 머물 수 있는 시설을 알아봐 주기 위해 브릿지종합지원센터와 지속적으로 소통하며 애써주셨습니다. 그 덕분에 저는 브릿지종합지원센터에서 임시로 잠시 생활하게 되었습니다. 그곳에 머물다 저는 지금의 집인 '서울특별시립여성보호센터'로 오게 되었습니다.

입소했던 그날이 아직도 생생합니다. 센터 원장님과의 첫 만남은 제 인생에서 중요한 순간 중 하나였습니다. 원장님과 직원분들이 저를 따뜻하게 맞아 주셨고, 저는 그 따뜻한 환영 속에서 큰 위로를 받았습니다. '이제 다시 새로운 삶을 시작할 수 있겠다.' 그런 용기가 제 안에 싹텄습니다. 지금은 이곳이 제 집처럼 편안하게 느껴집니다.

센터에 입소하고 며칠 후에, 저는 꿈터교회에 나가 예배를 드렸습니다. 원장님의 시원한 목소리로 듣는 찬양과 시간 가는 줄 모르고 듣는 설교는 제게 한 주간의 위로가 되는 시간입니다. 지금 저는 예전보다 훨씬 안정된 삶을 살고 있습니다. 큰 부귀영화를 누리는 것은 아니지만, 제게는 하루하루가 소중합니다. 규칙적인 생활을 하며 공동체 안에서 작은 역할들

을 감당하고, 사람들과 함께 웃으며 시간을 나눌 수 있다는 것만으로도 감사한 마음이 듭니다.

돌이켜보면 제 삶은 수많은 굴곡으로 채워져 있습니다. 어린 시절의 순수한 기억, 청소년기의 고민, 교사로서의 보람된 시간, 출산의 아픔과 기쁨, 일본에서의 낯선 생활과 아픔, 그리고 귀국 후 새로운 터전을 마련하기까지. 그 모든 순간이 모여 지금의 저를 만들었습니다.

저의 인생을 한마디로 정의하기는 어렵습니다. 그러나 분명한 것은, 제 삶은 언제나 혼자가 아니었다는 것입니다. 가족, 이웃, 그리고 수많은 도움의 손길이 있었기에 저는 지금까지 살아올 수 있었습니다. 앞으로도 삶의 여정은 계속될 것입니다. 때로는 또 다른 어려움이 찾아올지도 모릅니다. 하지만 지금까지 걸어온 길이 저를 단단하게 만들었듯, 앞으로의 길도 잘 감당할 수 있으리라 믿습니다. 제 삶을 통해 다른 누군가가 작은 위로를 얻을 수 있다면, 그것으로 충분합니다.

※ 이 글은 노숙인 희망&행복수기 공모전에서 장려상을 수상했다.

삶으로 증언하라

김창복 서울특별시립은평의마을

시련 끝에 마주 잡은 따뜻한 손길

저는 경기도 부천의 부유한 가정에서 자라 한때 식당, 철물점 등 사업을 운영하기도 하였습니다. 결혼 이후 바로 이혼하여 자녀는 없었습니다. 아버님을 일찍 여의고 어머님도 돌아가시면서 가세가 많이 기울었습니다. 그리고 제 사업도 어려워지면서 결국 폐업하고 처분하게 되었습니다.

저는 10남매 중 4남 6녀의 아홉째로, 막내 여동생과 특히 친하게 지냈습니다. 여동생과는 함께 살기도 하며 서로를 챙겨주었습니다. 그러나 생활이 어려워지면서 자가에서 전세로, 월세로, 그리고 고시원에서도 살게 되었고, 생활비로 인한 신용카드의 무분별한 사용으로 인해서 법적으로 파산하기도 하여 아주 어려운 지경에 처했습니다.

그러다 여동생이 사망하고 심신의 어려움 속에서 부천의 노숙인 지원센터를 찾아가 하소연하였고, 서울의 '다시서기종합지원센터'를 소개받아 가게 되었습니다. 당시 2~3주 동안 밤에는 다시서기종합지원센터에서 잠자고, 낮에는 서울역 앞에서 거리 노숙인들과 어울려 잠시 지내기도 하였습니다.

저는 지금 '은평의 마을'에서 살고 있습니다. 2023년 5월 4일에 입소하여 마을에 온 지도 벌써 2년 6개월은 지난 것 같습니다. 정말 시간이 빠르게 지나갑니다. 입소 때는 기어 다녀야 할 정도로 상태가 좋지 않았습니다. 입소 대기실에서 잠시 지내다 제2생활관 2층 중증요양과로 가게 되었습니다.

입소 1년 전, 저는 사랑하는 여동생이 갑작스럽게 심정지로 세상을 떠나 모든 삶이 허무해졌습니다. 한때는 실의에 빠져 아무것도 입에 대고 싶지 않았습니다. 정말 살고 싶지 않았습니다. 하지만 중증요양과로 오면서 거동이 불편한 저를 포함

한 다른 생활인들을 씻겨주고 헌신적으로 대하는 모든 선생님을 보면서 큰 감명을 받았습니다.

당시 저는 제대로 먹지도 못해 영양실조 상황이기도 했고, 입소 전에 지은 죄를 생각하면 마치 제가 벌레 같다는 생각을 하기도 했던 어려운 시기였습니다. 중증요양과에서 3~4개월 지내면서 몸과 마음이 많이 회복되어, 노래 부르는 프로그램에 참여하며 어느 순간 노래하고 춤을 출 수 있을 정도로 많이 나아졌습니다. 그로부터 얼마 후 저는 만성요양과로 오게 되었습니다. 그리고 생활실에서 동료들과 지내며 다양한 관계를 맺게 되었습니다.

서로를 보듬으며 피어나는 일상의 기쁨

저는 사람에 대한 관심과 애정이 있습니다. 그래서 동료들과 잘 지내보고 싶었습니다. 그러다 죽은 여동생이 떠오를 만큼 비슷한 감정이 드는 동료를 만났고, 그분이 처한 상황을 알게 될수록 도와주고 싶다는 생각을 많이 하게 되었습니다. 그래서 마치 동생처럼 그분이 잘 지내면 좋겠다는 생각에 많이 챙겨주고 같이 다니기도 했습니다.

그러다 생활인 중에 생활실에서 동료들이 잘 지내도록 이끌어주는 분들을 보게 되었습니다. 저에게는 솔선수범하는 모습이 감동이었고, 저도 그런 역할을 해보고 싶다는 생각이 많이 들었습니다. 하지만 생활실에서 지내는 다양한 성향의 동료들을 대하면서 쉽지 않다는 생각을 하게 되어 아쉬움이 있었습니다.

생활 중에 저는 원내 근로를 하게 되어 분리수거장을 정리하는 일을 하였습니다. 처음에는 어려움이 있었지만, 함께 일하는 동료들이 서로 노력하고 협동하였습니다. 이렇게 일하면서 긍정적인 면이 많이 생겼고 밥맛도 좋아졌으며 잠도 잘 자게 되었습니다. 이후 건강이 좋지 않아 그만두기까지 8개월 정도 일한 것 같습니다. 지금도 몸이 좋아지면 다시 일하고 싶은 생각입니다.

삶으로 증언하며 다시 꿈꾸는 내일

저는 원래 천주교 신자였습니다. 하지만 무언가에 이끌리듯

이 주일 성결예배도 한 번 참여해 보라는 어느 분의 말에 자연스레 주일 성결예배에 참석하게 되었습니다. 예배를 통해 구세군의 설립 취지와 설립 목적을 접하게 되었고, 2025년 군국 목표인 “삶으로 증언하라”는 표현은 저에게 큰 감동을 주었습니다. 또한 생활관 벽에 쓰인 “서로를 아끼고 사랑하면서 기쁨으로 충만하게 하소서”라는 말씀처럼, 주님을 찬양하면서 주님의 종으로 살아가고 싶다는 다짐을 하기도 하였습니다.

매일 주님의 찬송을 듣고 감동을 받으며 지내고 있습니다. 저는 군대 있을 때 크리스마스이브에 ‘내게 강 같은 평화’라는 노래를 부른 적도 있을 정도로 찬송을 좋아했습니다. 저는 은평의 마을을 둘러싼 산 좋고 경치 좋은 환경에서 주님을 찬송하고 구세군 율동팀 활동을 하고 있습니다. 구세군 율동팀의 율동과 찬송을 통해 낮은 곳에서 오신 주님을 영접하면서 모든 삶의 기쁨에 충만함과 매사에 감사함을 느낍니다. 구세군 주일 성결예배와 찬송의 감동은 가슴으로, 또 몸으로 느끼고 있습니다. 이를 통해 정직함과 양심을 잃지 않아야 한다고 생각합니다.

이제 저는 회복의 의지를 다져봅니다. 은평의 마을에서 지내면서 병원 치료를 꾸준히 받으며 건강을 회복하겠습니다. 지내는 동료들과 마찰 없이 잘 지내고, 나보다 어려운 동료는 도와주면서 살겠습니다. 그리고 만약 건강이 회복된다면 다시 작은 일이라도 하면서 지내고 싶습니다. 또 한 푼이라도 더 아껴 주일 성결예배에 헌금도 더 하려고 합니다.

마지막으로 이곳에서 우리 생활인들을 위해 묵묵히 열심히 일하시는 직원 선생님들에게도 깊은 경의를 표합니다. 은평의 마을에서 살면서 그간의 외로움과 고단함을 내려놓고, 함께 살아가는 생활인 동료들과 오랜 기간 서로 돕고 도우며 남은 생을 살아가고 싶습니다. 감사합니다.

※ 이 글은 노숙인 희망&행복수기 공모전에서 장려상을 수상했다.

05

희망이 자라는 공간

노숙인의 든든한 이웃, 구세군

희망이 자라는 공간

구세군 노숙인 복지시설 현황

이 책에 담긴 기적 같은 이야기들은 혼자만의 힘으로 쓰이지 않았습니다.
가장 낮은 곳에서 손을 잡아준 이웃들, 그리고 비바람을 막아준
든든한 지붕이 있었기에 가능했습니다.
절망을 희망으로 바꾸어가는 구세군의 보금자리들을 소개합니다.

시설 구분

종합/일시	자활	재활(요양)	쪽방	지원주택	기타*	계
1	3	2	2	2	1	11

* 호텔용품재활용사업센터

시설 현황

시설명	개소일	시설유형	
서울특별시립브릿지종합지원센터	2002.11	종합/일시/여성/일자리센터	이용
서울특별시립은평의마을	2019.01	요양(남성)	생활
서울특별시립양평쉼터	2019.07	자활	생활
서울특별시립남대문쪽방상담소	2018.02	쪽방	이용
서울특별시립돈의동쪽방상담소	2018.02	쪽방	이용
구세군서대문사랑방	1999.09	자활	생활
구세군ARC연수원	2007.05	지원주택	생활
구세군가재울쉼터	2011.08	자활	생활
구세군남서울하우징	2022.07	지원주택	생활
구세군호텔용품재활용사업센터	2017.12	자립지원·물품지원	기타
서울특별시립여성보호센터 (여성가족정책실)	1961.06 (2019.01)	요양(여성)	생활

다시 세상과 만나는 첫 번째 다리

서울특별시립 브릿지종합지원센터

서울특별시 서대문구 서소문로 57-1 ☎02-363-9199

서울역과 서대문 사이, 갈 곳 잃은 분들에게 가장 먼저 따뜻한 밥 한 끼와 편안한 잠자리를 내어드리는 '응급 구호의 최전선'입니다.
단순히 머무는 공간을 넘어, 멈춰버린 삶의 시계가 다시 돌아갈 수 있도록 전문적인 상담과 의료 지원을 제공합니다. 특히 거리 생활로 지친 여성분들을 위한 별도의 보호 공간을 운영하며, '서울노숙인일자리지원센터'를 통해 노동의 기쁨을 되찾고 사회로 나아가는 징검다리 역할을 하고 있습니다.
언제든 문을 두드려주세요. 우리가 당신의 다리가 되어드리겠습니다.

·거리상담 및 시설 입소 연계, 정신건강상담사업 ·의료지원사업(건강교육, 응급처치, 병원진료연계) ·편의 서비스(응급잠자리, 세탁, 짐보관, 샤워 등) 및 무료급식사업, 임시주거지원사업 ·노숙인일자리센터 운영 ·여성노숙인지원사업 운영(한빛광장 內 별관 운영) ·지역사회조직 및 네트워크, 후원개발 ·시설입소연계, 병원연계 등

서로를 보듬는 따뜻한 가족

서울특별시립 은평의마을

서울특별시 은평구 갈현로 15길 27-1 ☎02-3156-6300

아프고 지친 몸과 마음을 서로 기대어 쉬게 하는 남성 노숙인 요양시설입니다.
전문적인 의료 케어와 생활 지원을 통해 중증 질환이나 장애가 있는 가족들의 건강 회복을 최우선으로 돕습니다.
또한, 시설 내 인문 도서관 '소담재'와 같은 문화 공간을 운영하여 잃어버린 자존감을 회복하고, 인문학 강의와 동아리 활동을 통해 세상과 소통하는 법을 다시 익힙니다. 우리는 이곳에서 서로를 '가족'이라 부르며 함께 살아갑니다.

·전문적인 케어서비스를 제공하여 잔존기능 강화 및 건강회복 ·입소체계 개선 모색, 생활인 상담관리, 직업재활사업 지속 ·생활인의 영양개선을 위한 계획적인 식단 구성, 위생적인 조리 ·시설물 유지관리를 통해 안전사고 예방 ·노숙인 인식개선 및 기관의 긍정적 이미지 추구

행복을 찾기 위해 더욱 노력하는 사람들

서울특별시립 양평쉼터

경기도 양평군 용문면 화전로 264 ☎031-775-4940

맑은 공기와 흙이 있는 경기도 양평에서 자연과 함께 호흡하며 몸과 마음의 건강을 되찾는 자활 시설입니다.

직접 흙을 만지고 작물을 키우는 영농 자활 활동과 규칙적인 운동 프로그램을 통해 땀 흘리는 기쁨을 다시 배웁니다.

복잡한 도심을 떠나 자연이 주는 치유의 힘을 통해 심신의 안정을 찾고, 단계적인 자립 교육을 통해 다시 사회로 당당히 복귀할 수 있는 힘을 기릅니다.

본관

가족관

희망관

격리실

공동작업장

·생활지원 및 자활·자립지원 사업 ·건강지원 사업(의료지원 및 병원 연계 등) ·노숙인 자활프로그램 운영 ·입소인 인권, 안전, 신용회복 등 각종 교육 ·지역자원 연계 ·종사자 전문성 강화 ·양평쉼터 특화사업 (영농자활사업)

골목 어귀의 든든한 친구

서울특별시립 남대문 쪽방상담소

서울특별시 중구 후암로60길 21(해든센터) ☎02-778-1290

남대문쪽방상담소 비좁은 방 한 칸에 몸을 누인 쪽방 주민들의 곁을 지키는 사랑방입니다. 무더위와 혹한을 이겨낼 수 있도록 세심하게 살피고, 목욕과 세탁 서비스, 의료지원 등 일상의 편의를 제공합니다.

특히 해든센터 임대주택은 남대문경찰서 뒤편에 위치한 쪽방촌 거주민이 선이주 후 개발 재건축으로 이주한 주택입니다. 쪽방주민이 임대주택에 정착할수 있도록 일상생활지원, 정서지원, 조직화 사업을 통하여 주민의 역량강화 및 정착률을 높이고자 합니다.

·상담행정지원 및 기초생활지원 사업 ·서울시 동행사업(식당, 목욕탕등)지원 ·보건의료 지원 사업(의료지원 및 무료진료 등) ·정서(여가), 교육문화지원 사업 ·지역사회조직 및 네트워크, 후원개발 ·동, 하절기 특별보호 대책사업 ·자활·자립지원(일자리 지원 사업)

따뜻한 온기가 머무는 마을

서울특별시립 돈의동쪽방상담소

서울특별시 종로구 돈화문로9가길 20-2 ☎02-747-9074

돈의동쪽방상담소는 주거취약계층인 쪽방 주민들이 열악한 주거 환경 속에서도 안전하고 존엄한 삶을 유지하며, 건강한 일상 회복과 자립을 준비할 수 있도록 지원하는 상담소입니다.

·상담행정지원 및 기초생활지원 사업 ·서울시 동행사업(식당, 목욕탕, 온기창고 등)지원 ·보건의료 지원 사업(의료지원 및 무료진료 등) ·정서(여가), 교육문화지원 사업 ·지역사회조직 및 네트워크, 후원개발 ·동, 하절기 특별보호 대책사업 ·자활·자립지원(일자리 지원 사업)

다시 일어서는 용기의 터전

구세군서대문사랑방

서울특별시 서대문구 경기대로81 ☎02-312-7225

1999년부터 수많은 분의 재기를 도와온 역사 깊은 자활 시설입니다.

신용 회복 지원을 통해 빚의 굴레를 벗도록 돕고, 등산(트래킹)과 인문학 수업 등 다양한 프로그램을 통해 마음의 근육을 키웁니다.

"나도 다시 할 수 있다"는 믿음을 심어주며 당당한 사회인으로 거듭나도록 응원합니다.

·보건의료지원사업(진료의뢰, 건강검진, 알코올 의료교육, 무료진료사업) ·정서·문화지원 트래킹 홈리스 복지(인문학), 미술심리, 야유회, 명절등 ·신용회복지원,(개인워크아웃, 파산면책) ·자활지원(일자리 지원 사업연계, 서부고용지원센터, 민간일자리연계등) ·주거지원(SH공사, LH공사 주거취약계층 주거지원 연계), 호텔물품 연계 ·지역사회조직 및 네트워크, 후원개발

내일을 위한 소중한 저축

구세군가재울쉼터

서울특별시 서대문구 명지대 1다길2 ☎02-309-3009

작지만 단단한 희망을 만들어가는 자활 거주지입니다.

입소자분들이 안정을 찾고 경제적으로 자립할 수 있도록 취업 알선과 저축 관리에 집중합니다.

꼼꼼한 사례 관리를 통해 개개인의 상황에 맞는 자립 계획을 함께 세우고, 공동체 생활을 통해 사회성을 회복하도록 돕습니다.

·기본숙식제공 · 자활지원사업(일자리지원사업) · 저축관리사업 · 신용회복지원사업 · 건강관리사업 · 주거지원사업(매입임대주택, 공동생활가정) · 관계회복프로그램(명절행사, 야유회, 나들이, 간담회, 생일잔치 등)

내 집에서 꿈꾸는 평범한 일상

구세군남서울하우징

서울특별시 송파구 중대로34길 23, 402호 (오금동, 파크빌) ☎02-449-1080
서울특별시 송파구 문정로25길 26-14, 203호 (오금동, 파크빌)
서울특별시 송파구 성내천로 42길 3, 401호 (마천동, 스위트빌)

시설이 아닌 지역사회 내 '나만의 집'에서 독립적인 삶을 시작하도록 돕는 지원주택 센터입니다.

알코올, 정신질환 노숙인 분들의 일상생활 회복을 통한 주거안정 및 지역사회 안착을 위해, 전담 코디네이터(사회복지사)가 곁에서 든든한 버팀목이 되어 홀로서기를 지원합니다.

·입주자의 입주지원 및 상담 ·주택시설 관리 지원 ·공과금 및 임대료 연체 관리 등 주거유지 지원 ·입주자의 특성과 욕구를 반영한 사회복지서비스 지원 ·의료 및 건강관리 지원 ·취업상담 및 자립지원 ·지역사회 커뮤니티 연계 ·개인별 주거생활지원계획 작성, 주거서비스 이행, 평가 ·사업 추진을 위한 인력 채용 및 관리

중독을 넘어 회복으로 가는 길

구세군ARC연수원

서울특별시 마포구 월드컵로 12길 49 (진흥푸르지오) ☎02-424-0692

알코올 의존 문제로 어려움을 겪는 분들을 위한 전문 회복 시설이자 지원주택입니다. 1인 1실의 독립된 주거 공간을 제공하여 안정을 돕고, 전문적인 단주 프로그램과 상담을 통해 술 없는 건강한 삶을 되찾도록 이끕니다.

과거를 딛고 새로운 삶을 향해 나아가는 여정을 함께합니다.

·알코올, 정신 노숙인 지원주택(1인1실) · 취업지원사업 - 취업유지 관리 상담 및 취업 알선상담 · 상담지원 - 약물치료, 중독치료 등 · 주거지원사업 · 특별행사사업(설날, 추석, 성탄절, 송년회)

나눔으로 만드는 새로운 가치

구세군호텔용품재활용사업센터

서울특별시 영등포구 여의공원로 119(사업센터&여의도 물류창고)☎02-562-0400
서울특별시 강서구 허준로 221-22 (가양동 호텔후원물품 물류창고)

호텔에서 사용된 가구와 물품을 수거하고 깨끗하게 손질하여 꼭 필요한 이웃에게 나누는 곳입니다. 이 과정에서 노숙인들에게는 소중한 일자리를 제공하여 자립을 돕고, 취약 계층에게는 따뜻한 세간살이를 선물합니다.

버려질 뻔한 물건에 새 생명을 불어넣듯, 우리들의 삶에도 새로운 기회와 희망을 만들어갑니다.

여의도 창고

강서 창고

·노숙인공공임대(매입임대주택 및 지원주택) 호텔물품(세간살이) 지원사업 ·쪽방 및 저소득 취약계층 호텔물품 지원사업 ·노숙인시설 및 사회복지시설 호텔물품 지원사업 ·노숙인자립 지원사업

꿈과 희망이 있는 아름다운 공동체

서울특별시립여성보호센터

서울특별시 강남구 광평로34길 124 ☎02-3412-4502

서울특별시립여성보호센터는 여성 노숙인 요양시설로, 사랑과 인간 존중의 가치를 바탕으로 일상생활 뿐만 아니라, 의료지원 및 사회복지 서비스를 제공하고 있습니다.

만 18세 이상 무연고 내국인 여성을 대상으로 하며, 정신·신체·노인성 질환으로 복합적인 치료와 요양이 필요한 이들이 안전하게 생활하고 심신을 회복할 수 있도록 돕고 있습니다. 또한 인권 보호와 권리 증진을 위해 지속적으로 노력하며, 여성 노숙인이 우리 사회의 일원으로 다시 꿈을 꾸고 희망을 펼칠 수 있도록 함께 걸어갑니다.

생명의 존엄성을 바탕으로 한 여성 노숙인의 인권 존중과 보호, 신뢰와 섬김의 마음으로 전하는 전문적인 요양 및 돌봄, 의료·정서 지원을 통한 건강한 일상생활 회복, 지역사회와의 연대를 통한 따뜻한 공동체 구축, 직원 역량 개발과 전문성 향상을 통한 창의적인 서비스 제공

구세군은 여러분 가까이에 있습니다

에필로그

우리가 맞잡은 손이 결코 놓아지지 않기를

원고를 정리하는 내내, 몇 번이고 펜을 내려놓아야 했다. 모니터 속의 활자들 사이로 배어 나오는 삶의 무게가, 그들이 지나온 그 혹독한 겨울밤의 냉기가 고스란히 전해져 왔기 때문이다.

이 책 『손을 잡으니 길이 되었다』는 화려한 문장이나 매끄러운 수사로 꾸며진 글이 아니다. 투박하지만 그 어떤 문학 작품보다도 진실한, '생존의 기록'이자 '부활의 증언'들로 채워져 있다. 거리와 쪽방, 쉼터와 병원에서 써 내려간 이 글들은 가장 낮은 곳에서 가장 뜨겁게 피어올린 인간 승리의 드라마이다.

책의 1부에서 우리는 처절한 붕괴를 목격했다. 사업 실패, 가정 해체, 도박과 알코올, 그리고 질병…. 누구에게나 닥칠 수 있는 불행이었지만, 그 결과는 너무나 가혹했다. 스스로를 '벌레'라 칭하고, 세상에서 지워지기를 바랐던 그들의 절규는 우리 사회가 외면하고 있던 사각지대의 아픈 민낯이기도 했다.

그러나 이 책이 우리에게 전하는 진짜 메시지는 '비참함'이 아닌 '연결의 위대함'이다. 2부와 3부를 지나며 우리는 확인했다. 죽음의 문턱에 섰던 이들이 누군가가 내민 손을 잡았을 때, 차가운 도시락이 아닌 따뜻한 밥 한 끼를 마주했을 때, 그리고 자신의 이름이 다시 불려졌을 때 어떤 기적이 일어나는지를 말이다.

구세군의 사관들, 사회복지사들, 상담원들, 그리고 이름 모를 시민들이 건넨 것은 단순한 물질적 지원이 아니었다. 그것은 "당신은 혼자가 아니다", "당신은 다시 살 수 있다"는 믿음의 선포였다. 그 믿음 위에서 필자들은 공공근로 현장에서 땀방울을 흘리고, 자격증을 따고, 빚을 갚아나가며 스스로 존엄을 회복해 나갔다.

그리고 마침내 4부에서, 우리는 감사를 넘어선 그들을 만난다. 도움을 받던 손이 이제는 남을 돕는 손이 되었다. 주일 예배의 안내자가 되고, 시설의 동료를 위해 밥을 짓고, 마지막 가시는 길을 배웅하는 상주가 되었다. 고통을 겪어본 사람만이 줄 수 있는 가장 깊은 위로를 건네는 '상처 입은 치유자'들로 거듭난 것이다.

이 책을 엮으며 '길'이라는 단어를 오랫동안 묵상했다. 길은 혼자서 걷는 곳이기도 하지만, 끊어진 곳에서는 누군가와 손을 잡아야만 비로소 다시 이어지는 것이기도 하다. 21명의 필자들은 막다른 골목이라 생각했던 곳에서도 우리가 손을 잡기만 한다면 반드시 새로운 길이 열린다는 사실을 온몸으로 증명해 주었다.

이 책이 우리 사회 곳곳에 보이지 않는 벽을 허무는 작은 망치가 되기를 소망한다. '노숙인'이라는 차가운 낙인 뒤에, 우리와 똑같이 울고 웃으며 사랑받기를 원했던 한 '사람'이 있었음을 기억해 주기를 부탁한다. 자신의 아픈 과거를 기꺼이 세상에 내어놓아 준 수상자들에게 고개 숙여 존경과 감사를 표한다.

그들이 써 내려간 문장 하나하나는 누군가에게는 살아갈 용기가, 누군가에게는 다시 일어설 이정표가 될 것이다.

여전히 거리에서 혹은 쪽방에서 긴 겨울밤을 보내고 있을 또 다른 이웃들을 생각한다. 우리가 맞잡은 이 손이 결코 놓아지지 않기를, 그리하여 이 따뜻한 온기가 더 낮은 곳으로, 더 넓은 곳으로 흘러가기를 간절히 기도한다.

절망을 넘어 삶으로 증언해 준 당신의 오늘을, 그리고 더욱 눈부시게 빛날 당신의 내일을 진심으로 응원한다.

구세군과 함께하는 제2의 희망인생 행복수기 공모선정위원회

「노숙인 희망&행복수기」 공모 수상집

손을 잡으니 길이 되었다

절망을 넘어 삶으로 증언하는 사람들

발 행 일 | 2025년 12월 23일
글 쓴 이 | 박영신 김완규 외 19인
엮 은 이 | 구세군한국군국 사회복지부
감 수 | 최분란 이호영 최영민 김욱 전성민 김남영
그 림 | 김원식

펴 낸 곳 | 에디아
주 소 | 04557 서울시 중구 퇴계로37길 14 기종빌딩 6층
전 화 | 02-2263-6321
팩 스 | 02-2263-6322
등록번호 | 제1996-000115호(1996.7.30)

ISBN • 978-89-87977-76-8 03330

정가 12,000원